Eisenbahn auf neuen Wegen

Ernst Rudolph, Regierungsdirektor beim Bayerischen Landesamt für Umweltschutz, 1936 in München geboren, hat in seiner Heimatstadt Naturwissenschaften studiert und sein Studium 1965 durch Promotion beendet.

Als Sohn einer Eisenbahnerfamilie fühlt er sich von Kindheit an mit der Eisenbahn verbunden. Während der Studienzeit war er als Praktikant im seinerzeitigen Bundesbahnausbesserungswerk Ingolstadt selbst einmal für eine kurze Zeit Eisenbahner.

Nach mehrjähriger Tätigkeit als Regierungsbeauftragter für Naturschutz bei der Regierung von Oberbayern ist er seit 1973 beim Bayerischen Landesamt für Umweltschutz in München für Fragen über die Wirkungen von Luftverunreinigungen zuständig. In dieser Eigenschaft arbeitet er u. a. auch mit der Bundesbahnversuchsanstalt in München zusammen.

Der Entschluß, vorliegendes Buch zu schreiben, geht auf einen Vortrag bei einem Modelleisenbahnclub zurück. Die schriftliche Ausarbeitung des Themas „Neubaustrecken" bedurfte jedoch intensiver Arbeit und zahlreicher Strecken- bzw. Baustellenbesichtigungen.

Ernst Rudolph

Hannover–Würzburg
Mannheim–Stuttgart

Eisenbahn auf neuen Wegen

HESTRA-VERLAG Darmstadt

Zum Titelbild:
Am 27. Mai 1988 konnte wieder eine neue Strecke für die Eisenbahn in Betrieb genommen werden. Zwischen Fulda und Würzburg verkürzt sich die Fahrzeit gegenüber der alten Trasse um 24 Minuten. Bei Burgsinn fahren am Eröffnungstag vier Zuggenerationen nebeneinander: Auf der Neubaustrecke der InterCity Experimental und ein InterCity der neuen Generation mit einer Elok der Baureihe 120 sowie auf der parallel verlaufenden Trasse ein Schnellzug mit einer Dampflok der Baureihe 050 und der TEE-Dieseltriebzug der Baureihe VT 601.

Foto: Mantel (Mainz)

ISBN 3-7771-0216-4

Copyright © 1989 by Hestra-Verlag Darmstadt,
Postfach 4244, D-6100 Darmstadt 1,
Telefon (06151) 33481, Telefax (06151) 33485, Btx 0615133484

Alle Rechte der Verbreitung und Wiedergabe vorbehalten.
Übersetzungen in eine andere Sprache, Nachdruck und Vervielfältigungen
– in jeglicher Form und Technik, auch auszugsweise – nur mit schriftlicher Genehmigung des Verlages gestattet.

Layout und Herstellung: Willi J. Gandenberger

Lithos: Keim-Klischees, Langen, und Grafik-Workshop, Pfungstadt
Satz, Druck und Bindearbeiten: Druckhaus Beltz, Hemsbach/Bergstraße

Printed in Germany

Inhalt

Vorwort 7

Die heutige Situation der Eisenbahn als Vorgabe für das Ausbau- und
Neubauprogramm der Bahn 9

Streckenausbau und -neubau für die Eisenbahn von morgen 15
    Ein Hochleistungs-Schienennetz entsteht 15
    Anforderungen an neue Strecken 15
    Hochgeschwindigkeitsverkehr auf neuen Strecken 16
        Reisezugverkehr 16
        Güterzugverkehr 18
    Planung, Kosten und Prognosen für neue Strecken 19
        Planung neuer Strecken 19
        Rolle der Bürgerinitiativen 21
        Kosten und Prognosen für neue Strecken 22
        Ungewöhnliche und kuriose Fälle beim Streckenbau 24

Die Gestalt der neuen Strecken 25
    Vorgaben durch das Leistungsangebot 25
    Linienführung und Einbindung der neuen Strecken in die Umwelt 26
        Linienführung 26
        Einpassung durch landschaftsgestalterische Maßnahmen 29
        Einpassung durch technische Gestaltungsmaßnahmen 29
        Einpassung durch schallschutztechnische Maßnahmen 30
    Querschnittgestaltung und Flächenbedarf 32
    Streckenausrüstung 34
        Oberbau und seine zulässigen Achsfahrmassen 34
        Die Energieversorgung der neuen Strecken 35
        Oberleitung 35
    Betriebsführung auf den neuen Strecken 37
        Signalsystem und Linienzugbeeinflussung 37
        Die Betriebsbahnhöfe der Neubaustrecken 39

Verknüpfungsbahnhöfe	41
Überleitstellen und Netzverknüpfungen	41
Betriebsleit- und Fernsteuerzentralen	42
Lange Tunnel, schnelle Züge – wie sicher sind die neuen Strecken?	43
Bauwerke der neuen Strecken	45
Talbrücken und aufgeständerte Fahrbahnen	47
Die Tunnel der Neubaustrecken	55

InterCity Experimental/Expreß – eine neue Fahrzeuggeneration für neue Strecken ... 63

InterCity-Experimental-Untersuchungsprogramm ... 63
Konzept des InterCity Expreß ... 63
Beschaffungsprogramm für den InterCity Expreß ... 63

Die Neubaustrecken Hannover–Würzburg und Mannheim–Stuttgart . 65

Neubaustrecke Hannover–Würzburg ... 65
    Planung und Realisierung ... 65
    Problempunkte und Planungsänderungen bei den Neubaustrecken ... 68
    Streckenverlauf ... 70
        Nordabschnitt ... 70
        Mittelabschnitt ... 79
        Südabschnitt ... 87
    Gestaltung und Betrieb ... 92

Neubaustrecke Mannheim–Stuttgart ... 94
    Planung und Realisierung ... 94
    Problembereiche ... 94
    Streckenverlauf ... 96
        Allgemeines zum Trassenverlauf ... 96
        Trassenverlauf im Bereich der Westlichen Einführung der Riedbahn (WER) und im Rheintal (Streckenabschnitte 1–3) ... 97
        Trassenverlauf im Kraichgau und Stromberggebiet (Streckenabschnitt 4) ... 100
        Trassenverlauf im Einzugsgebiet der Enz und im Langen Feld (Streckenabschnitt 5) ... 103
    Gestaltung und Betrieb ... 105

Ausblick ... 106

Auf den ersten Neubaustreckenabschnitten nimmt die Zukunft schon Gestalt an ... 106

Eckdaten zur Chronik der neuen Strecken ... 107

Literaturhinweise ... 110

Vorwort

Es hat sich längst herumgesprochen: Nach mehr als 100 Jahren baut die Bahn erstmals wieder zwei neue Fernverkehrsstrecken von zusammen 426 Kilometer Länge. Schon 1973 wurde mit dem Bau der Strecke Hannover–Würzburg und zwei Jahre später mit dem der Strecke Mannheim–Stuttgart begonnen. Doch erst 1986 waren beide Strecken durchgängig im Bau. Dennoch konnte im gleichen Jahr bereits auf einem Teilabschnitt der erstgenannten Strecke der Probebetrieb aufgenommen werden, und seit 30. Mai 1987 ist ein Teilabschnitt der Strecke Mannheim–Stuttgart in Betrieb. Mit diesen beiden Strecken hat die Deutsche Bundesbahn gleichsam den Grundstein für ein neues Schnellfahrnetz gelegt.

Über Jahre hinweg wurde über das Für und Wider neuer Strecken diskutiert. Als ihr Bau endlich eine beschlossene Sache war, zeigte sich alsbald, welche planerische Probleme und Widerstände in der Bevölkerung bei der Verwirklichung dieser Großprojekte zu überwinden waren. Hinzu kommt, daß die beiden neuen Strecken überwiegend durch Mittelgebirgslandschaften führen, so daß ihre Trassierung entsprechend schwierig war. Um die Linienführung dennoch geradlinig-großzügig verwirklichen zu können, waren gewaltige Ingenieurleistungen erforderlich. So verlaufen die neuen Strecken zu etwa einem Drittel in Tunneln; im übrigen sind es oft lange und hohe Talbrücken, gewaltige Einschnitte oder langgezogene Dämme, die ihr Bild in der Landschaft prägen.

Nachdem sie längst das allgemeine Interesse erweckt haben und erste Abschnitte in Betrieb sind, erschien es sinnvoll, zu diesem Thema eine zusammenfassende Darstellung zu bringen. Sie ist in erster Linie für alle jene Eisenbahnfreunde gedacht, die sich nicht nur für die Eisenbahn von gestern, sondern auch für die neue Eisenbahn interessieren.

Bei dem hierfür vorgesehenen Rahmen war es weder möglich noch notwendig, auf all die zahlreichen Teilaspekte einzugehen. Bei der Textgestaltung wurden daher Schwerpunkte gebildet, wobei darauf geachtet wurde, daß wichtig erscheinende Gesichtspunkte nach Möglichkeit in Bildern angesprochen oder in Tafeln berücksichtigt sind. Die so konzipierte Themenbearbeitung war trotz des sehr reichlich vorhandenen Informationsmaterials und der vielen Fachveröffentlichungen letztlich nur durch die großzügige Unterstützung von Ingenieurbüros, vor allem aber durch die Deutsche Bundesbahn möglich. Bei allen Projektgruppen möchte ich mich daher an dieser Stelle für das mir gewährte Entgegenkommen bedanken. Mein Dank gilt weiterhin Herrn Dipl.-Ing. D. Lübke, Abteilungsleiter beim Bundesbahnzentralamt München, für seine tatkräftige Unterstützung und Beratung. Nicht zuletzt sei auch dem Hestra-Verlag für sein Engagement bei Herausgabe und Gestaltung dieses Buches gedankt.

München, im Januar 1989   Dr. Ernst Rudolph

Die heutige Situation der Eisenbahn als Vorgabe für das Ausbau- und Neubauprogramm der Bahn

Als im Jahr 1879, also vor über 100 Jahren die letzte deutsche Fernstrecke zwischen Rheine und Oberhausen in Betrieb genommen wurde, waren seit dem Geburtsjahr der Eisenbahn nur 44 Jahre vergangen. Tafel 1 möge verdeutlichen, in welch stürmischer Weise seinerzeit der Bau neuer Bahnstrecken vorangetrieben wurde. Wie Horst Weigelt, Präsident der Bundesbahndirektion Nürnberg, in seinem Buch „Fünf Jahrhunderte Bahntechnik" schreibt, war die Eisenbahn als einziges Massentransportmittel damals nicht auf kürzeste Verbindungen angewiesen. Vielmehr stand die Landerschließung unter Ausnutzung einer sich von der Topographie her anbietenden Linienführung im Vordergrund.

Die einzelnen Netze waren zunächst als Folge der Kleinstaaterei noch auf die wirtschaftlichen Interessen der jeweiligen Fürsten ausgerichtet. Erst nach der Reichsverfassung im Jahre 1871 konnte der Ausbau nach gemeinnützigen und wirtschaftlichen Kriterien erfolgen. Bestehende Strecken wurden sinnvoll miteinander verknüpft und wichtige Verbindungen leistungsfähig ausgebaut. So konnte die Eisenbahn bis zum Ende des letzten Weltkrieges, also über ein Jahrhundert lang, ihre monopolartige Stellung beibehalten. Der Eisenbahnverkehr von heute muß jedoch im Gegensatz zu anderen Verkehrsarten, die dank entsprechender Investitionen meist über eine moderne und leistungsfähige Infrastruktur verfügen, auf einem Streckennetz von gestern abgewickelt werden (Bilder 1 und 2).

In keinem anderen europäischen Land sind nach dem Krieg so viele Straßen gebaut worden wie in der Bundesrepublik Deutschland. Allein von 1960 bis 1980 verlängerte sich das derzeit etwa 175000 Kilometer lange Netz der überörtlichen Straßen um 35000 Kilometer. 28000 Kilometer Eisenbahn stehen heute insgesamt 500000 Kilometer Straßen gegenüber.

Das Streckennetz der Deutschen Bundesbahn (DB) wurde nach dem Krieg zwar ebenfalls mo-

Tafel 1: Entwicklung des deutschen Eisenbahnnetzes von 1835 bis 1985 (Angaben in Streckenkilometern). Ab 1945 beziehen sich die Zahlen auf das Normalspurnetz der Deutschen Bundesbahn.

Jahr	Länge	Jahr	Länge
1835	6	1915	62410
1845	2300	1925	57830[1]
1855	8290	1935	58370[2]
1865	14690	1945	54000
1875	27930		31000
1885	37650	1955	31030
1895	46560	1965	30430
1905	56910	1975	28770
		1985	27630

[1] nach Abtretung von 7868 Kilometern gemäß Versailler Diktat.
[2] Reichsbahn und Privatbahn zusammen.
(Quelle: Hundert Jahre deutsche Eisenbahnen, DB-Statistiken)

Bild 1: Kurvenreiche, enge Ortsdurchfahrten – wie lange noch?

dernisiert, ein Streckenneubau oder zumindest ein dem Fernverkehr gerechter Ausbau ist jedoch unterblieben. Kein Wunder, daß die prozentualen Transportleistungen der Bahn nach dem Zweiten Weltkrieg stark zurückgegangen sind. Im Jahr 1960 hatte sie zum Beispiel beim Personenverkehr 16 Prozent und beim Güterverkehr 38 Prozent Anteil. Derzeit betragen die anteiligen Leistungen nur noch 6 Prozent beziehungsweise 30 Prozent. Für eine Modernisierung des Streckennetzes war es somit „höchste Eisenbahn" geworden. Andere Bahnverwaltungen wie Frankreich, Italien, Polen und Jugoslawien haben damit schon vor längerer Zeit begonnen. So sind weltweit in den letzten 20 Jahren bereits 40 000 Kilo-

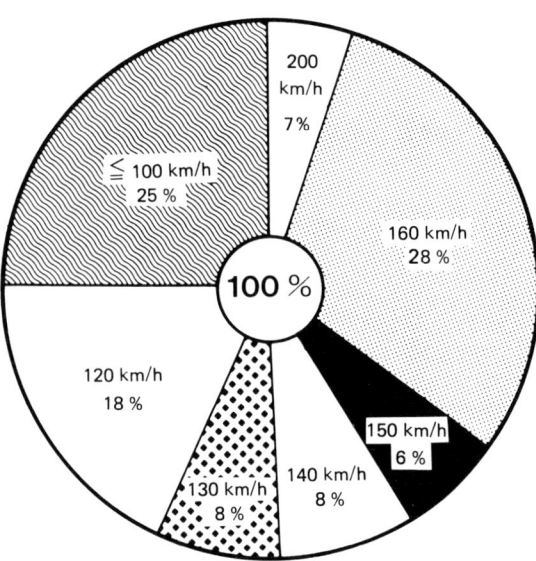

Bild 2: Übersicht über die örtlich zulässigen Geschwindigkeiten auf den Strecken des IC/EC-Netzes vor Inbetriebnahme der Neubaustrecken

meter Neubaustrecken in Betrieb gegangen, 13 000 Kilometer sind zur Zeit im Bau und weitere 32 000 Kilometer in Planung.

Tagein, tagaus fahren mit rund 20 000 Reise- bzw. Nahverkehrszügen fast fünf Millionen Reisende in der Bundesrepublik Deutschland mit der Bahn, und jeden Tag befördert sie mit etwa 10 000 Güterzügen rund 900 000 Tonnen an Waren und Gütern. Zwar steht hierfür ein 28 000 Kilometer langes Schienennetz, das Stadt und Land verbindet, zur Verfügung. Diese Leistungen müssen aber zu 85 Prozent auf einem nur rund 7000 Kilometer langen und veralteten Netz erbracht werden. Seine Kapazitätsgrenze ist, da sich die absoluten Verkehrsleistungen – im Gegensatz zu den prozentualen – in der Nachkriegszeit beachtlich erhöht haben, häufig schon überschritten. Der Güterverkehr hat seit 1950 um 75 Prozent und der Personenverkehr um 25 Prozent zugenommen.

Eine moderne elektrifizierte Strecke verkraftet etwa 120 Züge pro Tag und Richtung im Mischverkehr (Güter- und Reisezüge). Heute sind es beispielsweise auf der Nord-Süd-Strecke in Spitzenzeiten pro Tag und Richtung abschnittsweise schon bis 190 Züge – häufig ein Anlaß zu Verspätungen. Auch die Strecke Mannheim–Stuttgart ist streckenweise bis zu 30 Prozent überlastet.

Vor dem Hintergrund dieser betrieblichen Situation – veraltetes Streckennetz, rückläufige prozentuale Verkehrsleistungen, Überlastung der Hauptabfuhrstrecken mit allen ihren Folgen – wurde schließlich 1962 mit den ersten Untersuchungen zum Aus- und Neubau von Hauptstrecken begonnen. Es vergingen jedoch mehr als zehn Jahre Planungszeit, bis mit den Bauarbeiten begonnen werden konnte. Der erste in Laatzen bei Hannover am 13. August 1973 ausgeführte Rammschlag kann gleichsam als Beginn eines neuen Eisenbahnzeitalters angesehen werden. Diese Renaissance beruht jedoch nicht nur auf einer Art Selbstbesinnung, sondern vor allem auch auf einem Umdenken der Politiker und dem Ruf der Öffentlichkeit nach einem umweltfreundlichen, modernen Verkehrsmittel. Die mit dem industriellen Aufschwung einhergehende Verschlechterung unserer Umweltqualität durch Luftverunreinigungen, Gewässerverschmutzungen, Lärmbeeinträchtigungen, enormen Land- und Ressourcenverbrauch – nicht zuletzt auch durch den Kraftfahrzeug-Verkehr hervorgerufen –, sowie die Reaktionen unserer Umwelt auf all diese anthropogenen Einflüsse, wie sie am deutlichsten in den sogenannten neuartigen Waldschäden zum Ausdruck kommen, haben der Eisenbahn plötzlich wieder zu einem neuen, besseren Stellenwert verholfen.

Sie ist – bezogen auf gleiche Leistungen – hinsichtlich Energieverbrauch, Luftverschmutzung, Lärmbelästigung und Landschaftsverbrauch als eines unserer umweltfreundlichsten Verkehrsmittel zu bezeichnen.

Die Umweltschützer fordern deshalb seit Jahren, große Teile des Autoverkehrs und des innerdeutschen Flugverkehrs auf die Schiene zu verlagern. Doch das wird sich nur realisieren lassen, wenn die Bahn schneller und attraktiver wird und die vorhandenen Kapazitätsengpässe beseitigt wer-

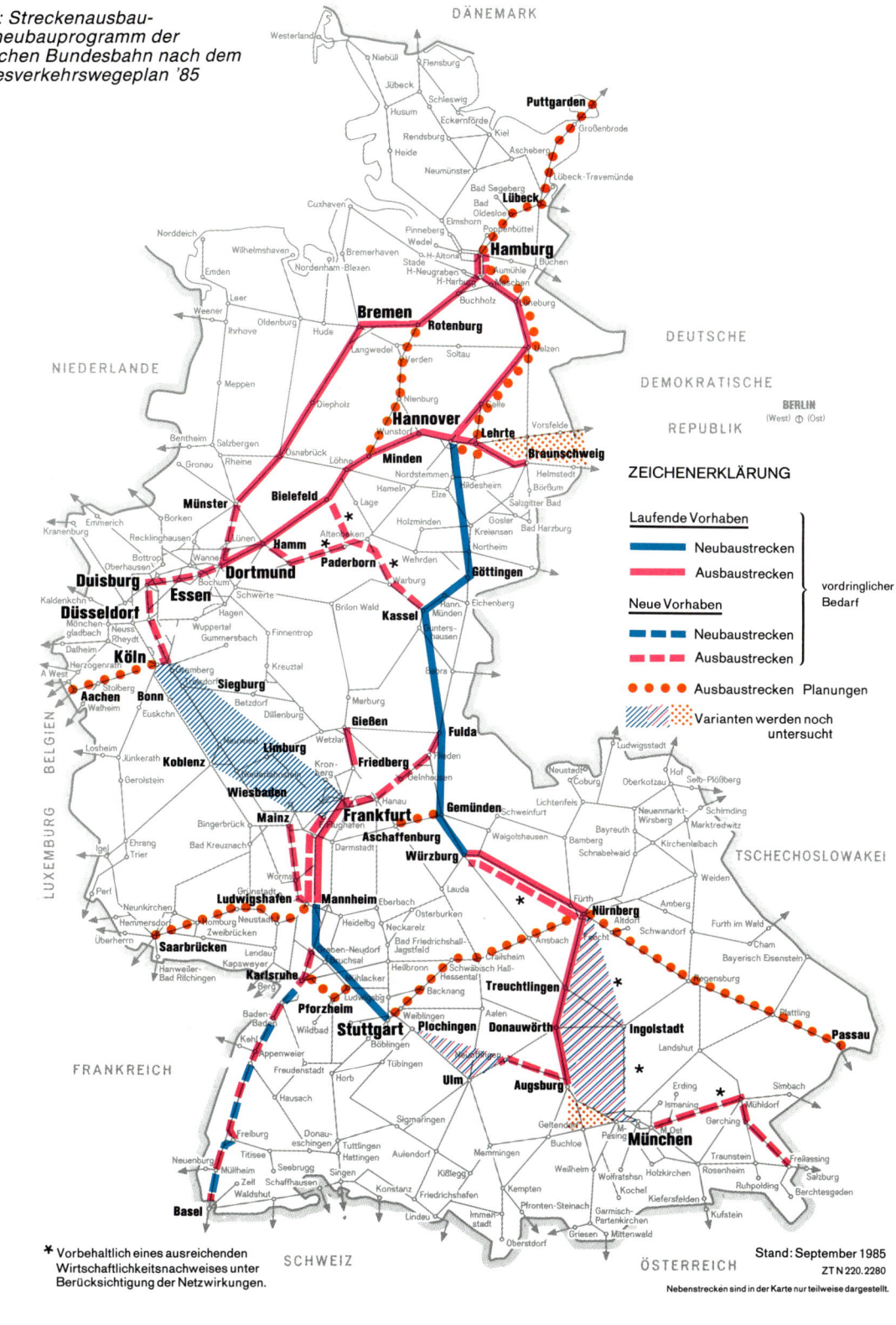

Bild 3: Streckenausbau- und -neubauprogramm der Deutschen Bundesbahn nach dem Bundesverkehrswegeplan '85

den. Dennoch waren die *Widerstände gegen die neuen Strecken* meist sehr groß. Es gab Tendenzen, dieses umweltfreundlichste Verkehrsmittel soweit als möglich in Tunnel zu verbannen. Andererseits werden Schnellstraßen und Autobahnen selbst in städtischen Ballungszentren bestenfalls auf nur wenigen hundert Metern untertunnelt.

Um den zukünftigen Anforderungen entlang der Haupttransportwege gewachsen zu sein, legte die Deutsche Bundesbahn im Jahre 1970 erstmals dem Bundesminister für Verkehr als Beitrag zur Bundesverkehrswegeplanung ein *„Ausbauprogramm"* für das Netz der Deutschen Bundesbahn vor. Aus diesem Programm wurden die beiden Neubaustrecken Mannheim–Stuttgart und Hannover–Würzburg mit einer Gesamtlänge von rund 430 Kilometern sowie sechs Ausbaustrecken mit einer Gesamtlänge von rund 1100 Kilometern in das sogenannte „Koordinierte Investitionsprogramm für die Bundesverkehrswege bis zum Jahre 1985" aufgenommen. Dem *„Ausbauprogramm"* folgte im Jahre 1973 ein erster *Bundesverkehrswegeplan (BVWP)*, der in den Jahren 1977, 1980 und 1985 fortgeschrieben wurde.

Gingen im Zeitraum 1971 bis 1980 etwa 16,4 Prozent des Gesamtvolumens der Verkehrsinvestitionen an die Eisenbahn, so soll der Anteil 1981 bis 1990 rund 29,1 Prozent oder 43,6 Milliarden DM betragen. Etwa die Hälfte davon ist für das Neubau- und Ausbaustreckenprogramm vorgesehen.

Gemäß dem BVWP hat der Streckenausbau gegenüber dem Neubau bei der DB Vorrang. Dieser Ausbau sieht Linienverbesserungen, mehrgleisigen Ausbau sowie die Verbesserung beziehungsweise Modernisierung der Streckeneinrichtungen (Signalanlagen, Beseitigung von Bahnübergängen und so weiter) vor, wobei auch die internationale Einbindung des Schienennetzes der Deutschen Bundesbahn berücksichtigt ist.

Bei den Strecken im Flachland, beispielsweise in der norddeutschen Tiefebene, reicht der Ausbau in der Regel auch aus; anders hingegen in den Mittelgebirgen. Hier würde beim Ausbau die kurvenreiche Trassierung erhalten bleiben und mit ihr die Schlangenlinie als denkbar schlechteste Verbindung zwischen zwei Punkten (Bild 4). Zeitgemäße Geschwindigkeiten würden sich somit nicht erzielen lassen. Kein Wunder also, daß sich die Bahn nach eingehender Prüfung auch zum Neubau von Strecken entschieden hat. Wenn schon gebaut werden muß, dann für Geschwin-

Tafel 2: „Vordringlicher Bedarf" im Schienennetz der DB gemäß Bundesverkehrswegeplan '85

	Investitionskosten (Mio. DM) (Preisstand 1983)		
	insgesamt	Ausgaben bis 1985 einschl.	ab 1986 ff.
1	2	3	4
Überhang aus BVWP '80			
1. NBS[1] Mannheim–Stuttgart	3 604	1 490	2 114
2. NBS Hannover–Würzburg	11 126	4 380	6 746
3. ABS[1] Frankfurt–Mannheim 1. Stufe	340	291	49
4. ABS Gießen–Friedberg	65	58	7
5. ABS Dortmund–Braunschweig	260	211	49
6. ABS Hamburg–Hannover	185	167	18
7. ABS Hamburg–Münster	550	494	56
8. ABS Würzburg–Augsburg	190	166	24
9. Rahmenplanung Rbf 1. Stufe (Restkosten)	232	27	205
Summe	16 552	7 284	9 268
Neue Vorhaben			
1. ABS Fulda–Frankfurt	460	–	460
2. ABS Frankfurt–Mannheim 2. Stufe	500	–	500
3. ABS/NBS Graben-Neudorf–Karlsruhe	60	–	60
4. ABS/NBS Karlsruhe–Offenburg–Basel	1 678	–	1 678
5. ABS Münster–Köln	175	–	175
6. NBS Köln–Rhein/Main	5 445	–	5 445
7. ABS/NBS Plochingen–Günzburg[2]	1 910	–	1 910
8. ABS Günzburg–Augsburg	300	–	300
9. ABS Mainz–Mannheim	475	–	475
10. ABS Dortmund–Kassel[3]	1 770	–	1 770
11. ABS/NBS (Würzburg–)Nürnberg–München[3]	–[4]	–	–
12. ABS München–Mühldorf–Freilassing[3]	630	–	630
13. ABS HH-Harburg–HH-Rothenburgsort	615	–	615
Summe	14 018	–	14 018
Summe „Vordringlicher Bedarf"	30 570	7 284	23 286

[1] ABS = Ausbaustrecke
NBS = Neubaustrecke
Ohne GVFG-Zuschüsse für S-Bahn
[2] Alternativ möglich: Durchgehende NBS Plochingen–Günzburg 2190 Millionen DM
[3] Vorbehaltlich eines ausreichenden Wirtschaftlichkeitsnachweises unter Berücksichtigung der Netzwirkungen
[4] Zur Zeit werden noch verschiedene Varianten untersucht; daher derzeit keine Kostenangaben möglich

digkeiten, die wirtschaftlich sinnvoll und technisch beherrschbar sind. Mit dem Bau der neuen Strecken (Bild 3) soll durch Entmischung des schnellen Fernverkehrs und des langsameren Nahverkehrs eine erhebliche Verkürzung der Beförderungszeiten im Reise- und Güterverkehr sowie eine Erhöhung des Leistungsangebotes bei gleichzeitiger Verbesserung des Betriebsergebnisses bewirkt werden.

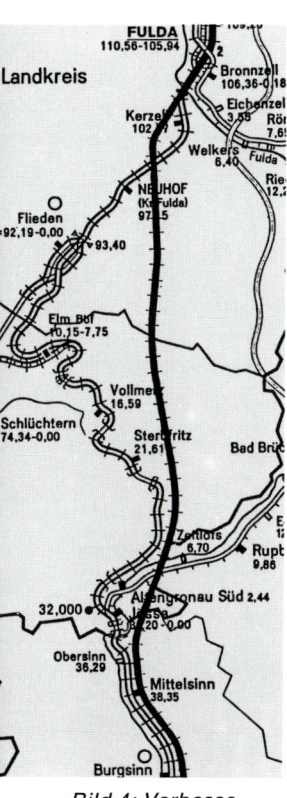

Bild 4: Verbesserung der Linienführung der Nord-Süd-Strecke im Abschnitt Fulda–Burgsinn

Schon kurz nach der Verabschiedung des Bundesverkehrswegeplans '80 wurde das Ausbauprogramm weiter fortgeschrieben, wobei wegen zwischenzeitlich veränderter Randbedingungen einige weniger vordringliche Vorhaben, die noch nicht begonnen waren, zurückgestuft wurden. An ihre Stelle rückten neue Vorhaben in den BVWP '85.

Mit diesem Plan sind bis zum Jahr 1990 alle vordringlichen Maßnahmen abgedeckt; gleichzeitig ist er auf den Planungshorizont „Bahn 2000" ausgerichtet.

Über den neuen BVWP '85 (Bild 3) hat das Bundeskabinett auf Vorschlag des Bundesministers für Verkehr am 18. September 1985 entschieden. Damit sind die politischen Weichen für den weiteren Ausbau- und Neubau des Bundesbahn-Fernstreckennetzes gestellt. Mit Investitionen von 31 Milliarden DM sollen die laufenden Projekte sowie die neu aufgenommenen Vorhaben realisiert werden (Tafel 2).

Damit erhält die Bahn die längst überfällige Chance, ihr Netz in den wichtigsten Relationen zu ergänzen und grundlegend zu modernisieren. Wenn alle im Bundesverkehrswegeplan '85 aufgelisteten Projekte planmäßig verwirklicht werden, verfügt die Bahn zur Jahrhundertwende über ein 2000 Kilometer langes modernes Hochgeschwindigkeitsnetz für Tempo 200 bis 250 km/h, das gleichzeitig die Voraussetzung für die Wettbewerbsfähigkeit der Bahn gegenüber anderen Verkehrsträgern darstellt (Bild 3).

„Wenn wir nur 10 Prozent der Autofahrer im Fernverkehr in unsere neuen Expreßzüge bekommen", sagen die Bahnplaner, „ist das mehr als wir heute befördern"! Wie schon gesagt, hat die Bahn beim Personenverkehrsaufkommen gegenwärtig einen Anteil von weniger als 10 Prozent.

Bild 5: Die Neubaustrecke Hannover–Würzburg im Einschnitt südlich des Sinnberg-Tunnels

Bild 6: Viele Ordner füllen die Planungsunterlagen für eine Neubaustrecke. So waren zur Planung der Strecke Hannover–Würzburg folgende Kartenunterlagen erforderlich:

4553 Kilometer Luftbildskizzen, 1489 Kilometer Karten 1:5000 (auch Aktualisierung), 908 Kilometer Pläne 1:1000 (auch Aktualisierung), 34 Kilometer Pläne 1:500, 187 Kilometer Aktualisierung der topographischen Karte 1:25000, 69 Kilometer terrestrische Ergänzungsmessungen, 200 Kilometer Infrarotbefliegungen, 24 Kilometer Luftbildinterpretationen.

Die ersten drei Positionen dieser Zusammenstellung weisen jeweils ein Vielfaches an Kilometern aus als die tatsächlich zu bauende Neubaustrecke insgesamt ausmacht. Dies gibt einen Hinweis auf die umfangreiche Planungsarbeit, in der immer wieder neue Trassenvarianten zu untersuchen waren.

Streckenausbau und -neubau für die Eisenbahn von morgen

Ein Hochleistungs-Schienennetz entsteht

Die Verabschiedung des Bundesverkehrswegeplanes '85 eröffnete der Bahn die „Jahrhundertchance": bis zum Jahr 2000 wird sie über ein rund 4000 Kilometer langes Hochleistungs-Schienennetz verfügen. Die ersten Etappen auf dem Weg in eine bessere Zukunft sind bereits zurückgelegt (Bild 3). So waren bis Ende 1987 die Ausbaustrecken (ABS) aus dem Überhang des vorausgehenden Bundesverkehrswegeplanes (BVWP '80) nahezu fertiggestellt. Zu den bisherigen Höhepunkten der Netzmodernisierung zählt die Inbetriebnahme erster Neubaustreckenabschnitte: 38 Kilometer im Mai 1987 zwischen Mannheim und Graben-Neudorf sowie 94 Kilometer im Mai 1988 zwischen Fulda und Würzburg.

Von den insgesamt 13 neuen Vorhaben (Tafel 2) befanden sich 1988 schon sieben im Bauzustand: ABS/NBS Karlsruhe–Basel, ABS Fulda–Frankfurt, ABS Frankfurt–Mannheim, ABS Günzburg–Augsburg, ABS Münster–Köln, ABS Hamburg-Harburg–Hamburg-Rothenburgsort und ABS Graben-Neudorf–Karlsruhe.

Bei den verbleibenden Vorhaben des vordringlichen Bedarfs sind derzeit noch eine Reihe von Fragen offen. Im einzelnen sind die Verfahrensstände sehr unterschiedlich.

Bei den Strecken Köln–Rhein/Main (NBS), Plochingen–Günzburg (NBS/ABS) und (Würzburg)–Nürnberg–München (ABS/NBS) stellt sich ferner großräumig die Frage der Trassenführung. Bei der erstgenannten Strecke sind die Variantenuntersuchungen bereits abgeschlossen. Für die Strecke Plochingen–Günzburg liegen mehrere Trassenvarianten vor; als problematisch erweist sich vor allem die Streckenführung im Raum Ulm (Anbindung oder Umfahrung). Bei der ABS/NBS (Würzburg)–Nürnberg–München streiten sich vor allem die beiden Städte Ingolstadt und Augsburg um ihre Anbindung an die neue Strecke. Vom Ergebnis der landesplanerischen Beurteilung wird es nun abhängen, welcher der beiden zur Diskussion stehenden Trassenvarianten der Zuschlag gegeben wird.

Vorstehende Ausführungen verdeutlichen, daß zwar schon vieles „bewegt" wurde, doch sind noch längst nicht alle Hürden genommen. Mit der Realisierung all dieser Vorhaben wäre die Deutsche Bundesbahn den Anforderungen des 21. Jahrhunderts gewachsen und könnte mit ihrem Angebot auf den Magistralen in den Wettbewerb mit anderen Verkehrsträgern eintreten.

Anforderungen an neue Strecken

Neubaustrecken müssen in wichtigen Bereichen mit dem bestehenden Netz der Bundesbahn kompatibel sein, damit die Schienenfahrzeuge problemlos von den neuen auf die alten Strecken und umgekehrt übergehen können. Das bestehende Rad/Schiene-System mit seinen beiden hierfür wesentlichen Elementen Spurweite und Spurführung blieben deshalb bei der Planung unangetastet. Die Betriebsführung erfordert es, Verknüpfungen zum bestehenden Netz in der Weise herzustellen, daß die Neubaustrecken nicht nur eine Linienverbesserung bewirken, sondern zugleich die Leistungsfähigkeit des gesamten Streckennetzes erhöhen. Daher wurden die neuen Strecken von vornherein auf einen Mischbetrieb mit Personen- und Güterzügen ausgelegt.

Für die einzelnen Zuggattungen sind folgende Höchstgeschwindigkeiten und maximalen Zuggewichte vorgesehen:

IC(E)-Züge max. 250 km/h, max. Gewicht 600 t,
D-Züge max. 200 km/h, max. Gewicht 700 t,
Schnellgüterzüge max. 120 km/h, max. Gewicht 1500 t.

Aus den zwischen Angebot und Nachfrage bestehenden Beziehungen ließ sich unschwer ableiten, daß es mit dem Bau neuer Strecken allein nicht getan ist. Erst bei Verwirklichung einer

Gesamtkonzeption, wie dies mit dem TGV-System in Frankreich in so überaus eindrucksvoller Weise gelungen ist, kann sich der prognostizierte Erfolg auch tatsächlich einstellen.

Wie aus Marktuntersuchungen bekannt ist, bestimmen im Personenverkehr neben der Preisgestaltung auch die Kriterien Reisegeschwindigkeit, Verfügbarkeit, Netzbildungsfähigkeit, Pünktlichkeit, Komfort und Service die Attraktivität eines Verkehrsmittels. Mit einem nennenswerten Verkehrszuwachs wird somit nur dann zu rechnen sein, wenn diese Einflußgrößen mit Inbetriebnahme der Neubaustrecken deutlich verbessert werden.

Hochgeschwindigkeitsverkehr auf neuen Strecken

Im Mai 1984 wurde durch einen Beschluß des DB-Vorstandes ein neues Projekt ins Leben gerufen, in dem die vorstehenden Erkenntnisse umgesetzt werden sollen: das Hochgeschwindigkeitsverkehr-(HGV-)Projekt der neunziger Jahre. Es ist von vornherein auf grenzüberschreitenden Verkehr ausgelegt, und schon jetzt ist ein europäisches HGV-Netz in Planung. Die stetige Fortentwicklung des Rad/Schiene-Systems, sowohl fahrweg- als auch fahrzeugseitig, erscheint als eine der wichtigsten Konsequenzen des HGV-Projektes.

Die beiden wesentlichen Bausteine zur Verwirklichung des Projektes sind:
▷ Neubau- und Ausbaustrecken,
▷ Hochgeschwindigkeitszüge (ICE) für den Personenverkehr und schnelle Züge für den Güterverkehr.

Reisezugverkehr

Die Projektziele lassen sich wie folgt definieren:
▷ Anhebung der Höchstgeschwindigkeit von 200 auf 250 km/h,
▷ abschnittsweise Verdichtung des bisherigen Ein-Stunden-Taktes auf Halb-Stunden-Takt (erhöhte Verfügbarkeit),
▷ Steigerung des Pünktlichkeitsgrades von derzeit 85 auf 90 bis 95 Prozent,
▷ erhöhter Komfort und Service durch Einsatz neuer Züge, vermehrte umsteigefreie IC-Verbindungen, Verbesserung der Anschlußverbindungen und der ortsfesten Infrastrukturen.

Höchst- und Reisegeschwindigkeit:

Für die Neubaustrecken beträgt die Entwurfsgeschwindigkeit 250 km/h, streckenweise werden von der Trassierung her auch 300 km/h und mehr möglich sein.

Verkehrsexperten zufolge ist es aber wenig sinnvoll, sich nur an Höchstgeschwindigkeiten auszurichten. Bedeutsamer ist die Frage nach der Reisedauer. Dabei ergibt sich, daß die Erhöhungen der Reisegeschwindigkeiten im unteren Tempobereich die Reisezeiten am wirkungsvollsten verkürzen, Geschwindigkeitssteigerungen oberhalb heute erreichter Tempogrenzen aber nur noch wenig Nutzen versprechen. Auf 100 Kilometer Strecke gerechnet, bedeutet die Erhöhung der Reisegeschwindigkeit von 80 auf 120

Tafel 3: Reisezeitgewinne

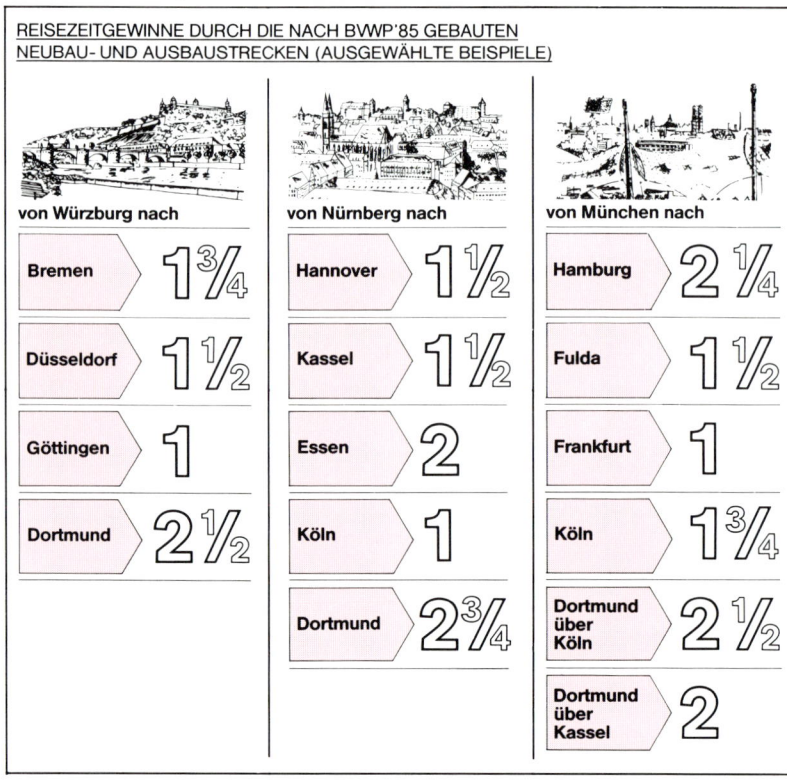

1991, wenn die Neubaustrecke Hannover–Würzburg durchgehend befahrbar ist, werden die neuen Triebzüge Hamburg und München in 5¾ Stunden mit der Höchstgeschwindigkeit von 250 km/h verbinden. Die Reise dauert dann zwei Stunden weniger als heute. Kassel–Würzburg schaffen sie in einer Stunde gegenüber 2¼ Stunden heute. Doch nicht nur diese Verbindungen werden schneller. Von Nürnberg nach Hannover beispielsweise spart man 1½ Stunden und ist somit nur noch 2¾ Stunden unterwegs. Der gesamte Fernverkehr der Bahn profitiert vom höheren Tempo auf den Neubaustrecken. Je länger die Fahrt über eine neue oder ausgebaute Trasse geht, desto größer ist natürlich der Zeitgewinn.

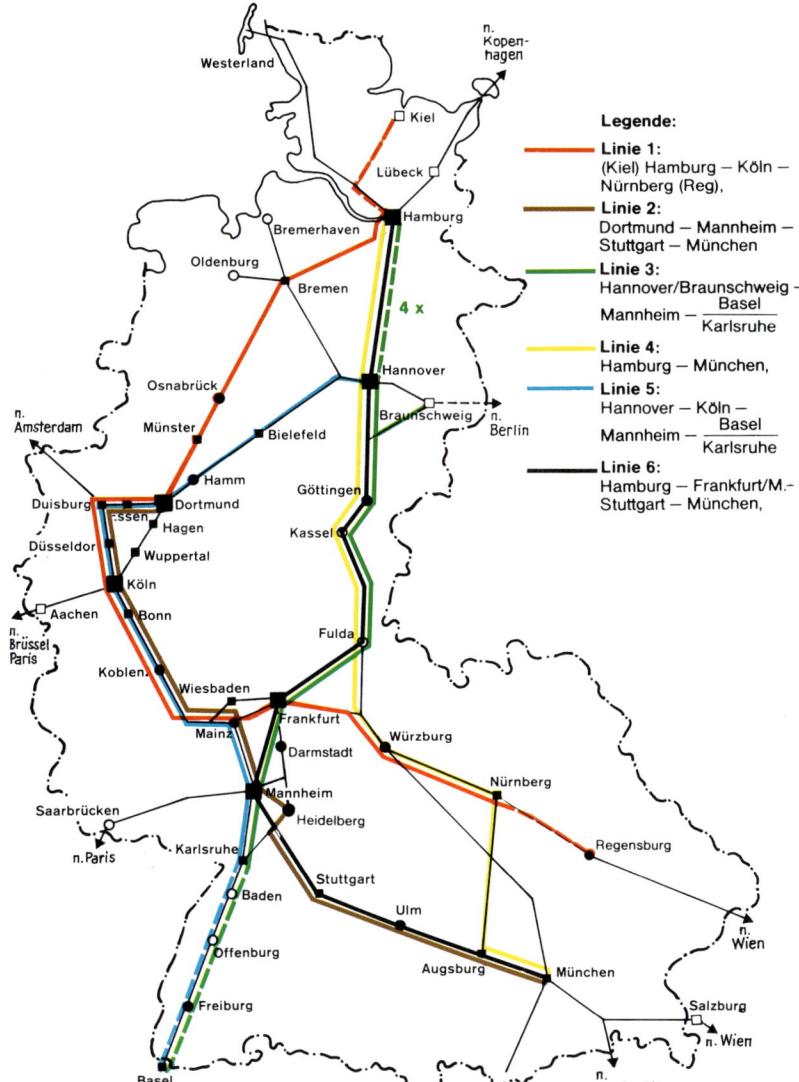

Bild 7: IC-Linienplan 1991; die Linien 4 und 6 werden ab 1991 und die Linie 3 ab 1995 mit dem ICE befahren.

km/h eine Verkürzung der Reisezeit von 75 auf 50 Minuten, also um 25 Minuten. Der Übergang von 100 auf 150 km/h bringt noch 20 Minuten ersparte Reisezeit und der von 300 auf 350 km/h aber nur noch drei Minuten. Darin liegt zugleich das Dilemma der Hochgeschwindigkeits-(Schwebe)züge: Der Serien-ICE wird für Höchstgeschwindigkeiten bis 280 km/h ausgelegt. Die höchste Geschwindigkeit, die ein serienmäßiger TGV-Zug erreichte, betrug 380 km/h. Die des Transrapid 06 mag noch 10 Prozent höher liegen. Aber der Zeitgewinn betrüge nur eine bis zwei Minuten auf 100 Kilometer Strecke. Für die 816 Bahnkilometer lange Strecke zwischen Berlin und Konstanz betrüge bei ihm der Zeitvorteil etwa eine Viertelstunde im Vergleich mit den Möglichkeiten des Rad/Schiene-Systems.

Wenn die Neubaustrecken in den neunziger Jahren in Betrieb sind, wird auf ihnen eine Reisegeschwindigkeit von etwa 180 km/h erzielt werden. Derzeit beträgt sie bei IC-Zügen „nur" etwa 110 km/h. Die Bahn wird dann ihrem künftigen Geschwindigkeitsanspruch, nämlich doppelt so schnell wie das Auto und halb so schnell wie das Flugzeug, einen wesentlichen Schritt näher gekommen sein. In Verbindung mit dem Komfort und Service der neuen ICE-Züge, die diese Strecken bedienen werden, ist eine echte Alternative zu anderen Verkehrsarten gegeben.

Bei einer Höchstgeschwindigkeit von 250 km/h wird auf der Neubaustrecke Hannover–Würzburg bei drei Zwischenhalten eine Reisegeschwindigkeit von 176 km/h erzielt. Die Reisezeit beträgt dabei 112 Minuten. Unter Hinzurechnung notwendiger Zuschläge wird die tatsächliche Reisezeit bei 127 Minuten liegen. Mit welch erheblichen Verkürzungen der Reisezeiten in verschiedenen Relationen zu rechnen sein wird, verdeutlicht Tafel 3.

Die Zeitersparnisse beruhen nicht nur auf der höheren Reisegeschwindigkeit, sondern auch auf kürzeren Reisewegen. So beträgt heute die Entfernung zwischen Hannover und Würzburg 362 Kilometer. Künftig wird sie nur noch 327 Kilometer betragen. Die Strecke ist also um 35 Kilometer kürzer. In ähnlicher Weise verkürzt sich durch die Neubaustrecke Mannheim–Stuttgart der Reiseweg von 129 auf 107 Kilometer. Kürzere Reisewege verbilligen zugleich auch die Fahrkosten.

Verfügbarkeit des Zugangebotes im Bereich des ICE-Streckennetzes

Mit der Inbetriebnahme der Neubaustrecken werden zwei IC-Linien (Bild 7), die über diese Strecken führen, vollständig auf den Betrieb mit den 250 km/h schnellen Triebkopfzügen der Bauart InterCity Expreß (ICE) umgestellt werden. Es sind dies die Linien Hamburg–Frankfurt–Mannheim–Stuttgart–München (Linie 6) und Hamburg–Würzburg–Nürnberg–München (Linie 4). Ab 1991 ist für die Neubaustrecken folgender Takt vorgesehen:

▷ Hannover–Fulda:
2 ICE/Stunde im Halb-Stunden-Takt + 1 IC/Stunde,
▷ Fulda–Abzweigstelle Rohrbach:
1 ICE/Stunde,

▷ Abzweigung Rohrbach–Würzburg:
1 ICE/Stunde + 1 IC/Stunde (Halb-Stunden-Takt),
▷ Mannheim–Stuttgart:
1 ICE/Stunde + 1 IC/Stunde (Halb-Stunden-Takt),
maximal 2 vertaktete InterRegio-Züge/Stunde.

Die Verfügbarkeit des ICE-Angebots wird somit auf den Neubaustrecken weitgehend bei einem Halb-Stunden-Takt liegen. Nur im Abschnitt Fulda–Abzweigung Rohrbach ist ein Ein-Stunden-Takt vorgesehen. Nach der voraussichtlichen Fertigstellung der ABS/NBS Karlsruhe–Basel im Jahr 1995 wird auch die Linie 3 (Bild 7) Hamburg/Braunschweig–Frankfurt–Karlsruhe/Basel mit ICE-Triebzügen befahren werden.

Es ist zu erwarten, daß das ab 1991 mit den neuen Triebzügen mögliche Spitzenangebot auf den deutschen Hochgeschwindigkeitsstrecken einen deutlichen Nachfrageschub auslöst. Dieser wiederum wird es dann gestatten, weitere Städte in das IC-System einzubeziehen.

Pünktlichkeit

Auch die Pünktlichkeit ist gemäß den Marktforschungen eine Grundvoraussetzung für die Attraktivität eines öffentlichen Verkehrsmittels. Nun sind Betriebsbehinderungen, zum Beispiel durch Anschlußverspätungen, schlechte Witterung, Streckenüberlastung, Fahrplan-Anschlüsse in IC-Knotenbahnhöfen oder auch durch Bauarbeiten und Inspektionen, erfahrungsgemäß nicht auszuschließen, weshalb die Bahn hierfür Fahrzeitzuschläge in die Fahrpläne einarbeitet. Dies ist als Tribut an die Zielvorstellung der Pünktlichkeit nicht zu viel; schließlich soll erreicht werden, daß 95 Prozent aller IC-Züge auf allen Haltebahnhöfen pünktlich oder mit höchstens zwei Minuten Verspätung ankommen und abfahren. Heute liegt dieser Wert bei maximal 95 Prozent.

Güterzugverkehr

Projektziele sind:
▷ Einsatz schneller Güterzüge mit 120 km/h Höchstgeschwindigkeit,
▷ Erhöhung der Achslast auf 22,5 Tonnen.

Als Potential für die Neubaustrecken gilt vorrangig der leichte und schnelle Güterverkehr im sogenannten Nachtsprung, das sind insbesondere:

▷ Fernverbindungen im Frachtenzugnetz,
▷ InterCargo (ICG) und
▷ kombinierter Ladungsverkehr.

Ergänzend wird ein Konzept des sehr schnellen Expreßgüterverkehrs auf ICE-Basis weiterverfolgt. Die schnellen über die Neubaustrecken fahrenden Güterzüge werden mit den neuen Drehstrom-Lokomotiven der Baureihe 120 bespannt; sie fahren in terminempfindlichen Verkehren mit einer Höchstgeschwindigkeit von 120 km/h und mit maximal 22,5 Tonnen Radsatzlast. Betriebliche Studien haben gezeigt, daß schnelle Güterzüge auf Neubaustrecken möglichst nicht planmäßig überholt werden sollten, da sie sonst sehr viel Fahrzeit verlieren. Der Güter- und Personenverkehr wird also weitgehend zeitlich getrennt durchgeführt werden.

Tafel 4: Technische Daten und Merkmale der Neubaustrecken

Trassierung
▷ Regelhalbmesser . . . . . 7000 m
▷ Ausnahmewert . . . . . . 5100 m
▷ Größte Längsneigung. . . 12,5‰
▷ Vertikaler Ausrundungshalbmesser . . . . 25 000 m
▷ Maximale Überhöhung . . 85 mm
▷ Maximaler Überhöhungsfehlbetrag . . . . 80 mm

Streckenquerschnitt
▷ Planumsbreite. . . . . . 13,70 m
▷ Gleisabstand . . . . . . 4,70 m

Oberbau
▷ Gleisart freie Strecke . . . Schottergleis
▷ Gleisart Tunnel . . . . . . Feste Fahrbahn/Schottergleis
▷ Gleisart Brücken . . . . . Schottergleis
▷ Schienen . . . . UIC 60
▷ Schwellen . . . . Beton, Monobloc 2,60
▷ Bettungsstärke . . . . . . 30 cm
▷ Weichenbauformen. . . . 60–1200–1:18,5
60–2500–1:26,5
60–7000/6000–1:42

Streckenausrüstung, Energieversorgung
▷ Signalsystem . . . . LZB 80
▷ Stromsystem . . . . 15 kV 16⅔ Hz
▷ Unterwerksabstand . . . . 20 km

Kunstbauten
▷ Tunnelquerschnitt . . . . 82 m²
▷ Brückenbreite. . . . . . . 14,10 m

Planung, Kosten und Prognosen für neue Strecken

Planung neuer Strecken

Mit der Planung und dem Bau neuer Eisenbahnstrecken, deren technische Daten und Merkmale aus Tafel 4 ersichtlich sind, ist dem Eisenbahningenieur heute die interessante Aufgabe gestellt, Verkehrswege für das 21. Jahrhundert zu entwerfen und zu realisieren. Gleichzeitig übernimmt damit die DB eine große Verantwortung nicht nur dafür, daß diese technisch einwandfrei sind und wirtschaftlich ein Erfolg werden. Die neuen Strecken müssen sich gut gestalten in ihre Umwelt einfügen. Die mit dem Streckenbau verbundenen Umweltbeeinflussungen müssen daher so weit als möglich minimiert werden. Landschafts- und Schallschutz sind ebenso wichtig, wie etwa das Schienenverlegen.

Die mit dem Bau und Betrieb einer neuen Eisenbahnlinie verbundenen Umweltbeeinflussungen sind sehr vielfältig. Als wesentliche Einflußbereiche sind zu nennen: Naturhaushalt, Landschaftsbild, (Land)nutzungen und Mensch.

Das gestiegene Umweltbewußtsein verlangt daher bei Verkehrsplanungen in einem so dicht besiedelten Land wie der Bundesrepublik Deutschland, die zwischen Verkehr und Umwelt entstehenden Zielkonflikte zu mindern beziehungsweise zu beseitigen.

Wenn heute die Durchsetzbarkeit großer Bauvorhaben auf Schwierigkeiten stößt, so spiegelt das die Tatsache wieder, daß zu viele Baumaßnahmen in der Vergangenheit die Landschaft in starkem Maße verändert und verbraucht haben. Die Sorge um die Erhaltung der natürlichen Lebensgrundlagen ist daher ein vordringliches Anliegen unserer Zeit. In der Bundesrepublik Deutschland entfallen bereits 11 Prozent der Flächen auf Siedlungs-, Industrie- und Verkehrsflächen. Die von

Tafel 5: Bewertung von Planungsvarianten der Neubaustrecke Hannover–Würzburg im Raum Würzburg

Vergleichskriterien	Bezeichnung der Variante	RO-Trasse	Vorentwurf DB	Vorentwurf Rbf.-Unterführung	Vorentwurf Maintalunterführung	Trasse südlich Erlabrunn	Trasse nördlich Erlabrunn	Parallelführung ab Veitshöchheim	Trasse Zeller Berg (Bock)	Trasse Neuer Hafen	Trasse Sportplatz Zell	VIP-Trasse (Prof. Leibbrand)		Bemerkungen
	Nr. der Variante	1	2	3	4	5	6	7	8	9	10	11		
1	Streckenlänge (km)	22,80	22,52	22,52	22,52	23,15	23,16	24,06	24,15	24,95	22,88	23,01	Trassierung	
2	Längenunterschied (km)	+0,28	±0	±0	±0	+0,63	+0,64	+1,54	+1,63	+2,43	+0,36	+0,49		
3	Steigungsverhältnisse	––	○	○	○	○	○	○	○	○	○	––		
4	Krümmungsverhältnisse	○	○	○	○	–	–	––	–	–	–	○		
5	Investitionsmehrkosten	+24	±0	+229	+454	+185	+245	+170	–	–	–	–	Mio. DM	+ = günstig
6	Trinkwasserschutz	––	○	––	––	–	○	––	––	○	––	––		○ = neutral
7	Immissionsprobleme	○	○	○	+	○	○	–	–	–	–	+	Umweltfragen	
8	Landschaftsstruktur und Schutzfunktionen	+	+	+	+	–	–	–	–	–	+	○		– = schwierig, ungünstig
9	Eingriffe in bestehende Bausubstanz	–	–	–	○	–	–	–	–	–	––	○		
10	Konflikte mit Vorhaben oder Planungen anderer öffentl. Planungsträger	○	○	○	–	○	–	–	––	––	–	–		–– = sehr schwierig, ungünstig
11	Gutachten Geologie	ja	ja	ja	ja	ja	–	–	–	–	ja	ja	Bautechnik	
12	Bautechn. Gutachten	ja	ja	ja	ja	ja	–	–	–	–	–	ja		
13	Bautechn. Probleme	○	+	––	––	–	–	○	–	–	+	–		
14	Betriebsbehinderungen während der Bauzeit	○	○	○	–	○	○	––	–	––	–	–		

Bahnanlagen beanspruchte Fläche fällt mit 0,343 Prozent gegenüber einer gesamten Verkehrsfläche von 5 Prozent allerdings kaum ins Gewicht. Diese Prozentzahl wird sich auch durch die Neubaustrecken kaum verändern. In früheren Zeiten wurden die baulichen Anlagen vielfach in die Landschaft hineingesetzt, ohne sich um Einflußbereiche bzw. Forderungen zu kümmern, die heute mit Fug und Recht in den Rang unverzichtbarer Planungsparameter erhoben werden. Durch das gestiegene Umweltbewußtsein werden heute bei der Projektierung größerer Bauvorhaben, und dazu zählen auch die Neubaustrecken, schon in einem sehr frühen Planungsstadium die zu erwartenden Auswirkungen auf die Umwelt berücksichtigt (Tafel 5).

Bereits bei den vorbereitenden Arbeiten zum Streckenbau wird daher geprüft, inwieweit Umwelteinwirkungen zu erwarten sind (Umwelterheblichkeitsprüfung). Art und Umfang dieser Einwirkungen sind sodann ausschlaggebend, welche Maßnahmen zur Einbindung der Strecken in die Landschaft zu treffen sind (Vermeidungs-, Ersatz-, Ausgleichs- und Schutzmaßnahmen). Die optimale Einbindung einer neuen Verkehrslinie in ihre Umwelt ist daher eine Grundforderung unserer Zeit.

Wie alle Planungsträger kann auch die Bahn ihre Projekte nicht selbstherrlich verwirklichen, da der Gesetzgeber zur Entscheidungsfindung bei größeren Planungen – dazu zählen auch die Neubaustrecken-Planungen – jetzt generell zwei Rechtsverfahren vorschreibt. Zunächst ist zur Grobtrassierung der Neubaustrecken sowohl nach dem Bundesraumordnungsgesetz als auch nach dem Bundesbahngesetz von den jeweiligen Landesbehörden ein *Raumordnungsverfahren* durchzuführen. Die von den sogenannten Beteiligten vorgebrachten Anregungen und Bedenken gehen sodann in die landesplanerische Stellungnahme als Ergebnis des durchgeführten Raumordnungsverfahrens ein. Sobald der Bundesminister für Verkehr die nunmehr raumgeordnete Planung genehmigt hat, kann als weiteres Verfahren das *Planfeststellungsverfahren* eingeleitet werden.

Dieses Verfahren wird im Bundesbahngesetz zwingend vorgeschrieben und ist ebenfalls von den jeweiligen Landesbehörden durchzuführen; der Planfeststellungsbeschluß ergeht jedoch von der Deutschen Bundesbahn. Sobald er unanfechtbar geworden ist und Rechtskraft erlangt hat, kann die Baureifplanung beginnen (Bild 6).

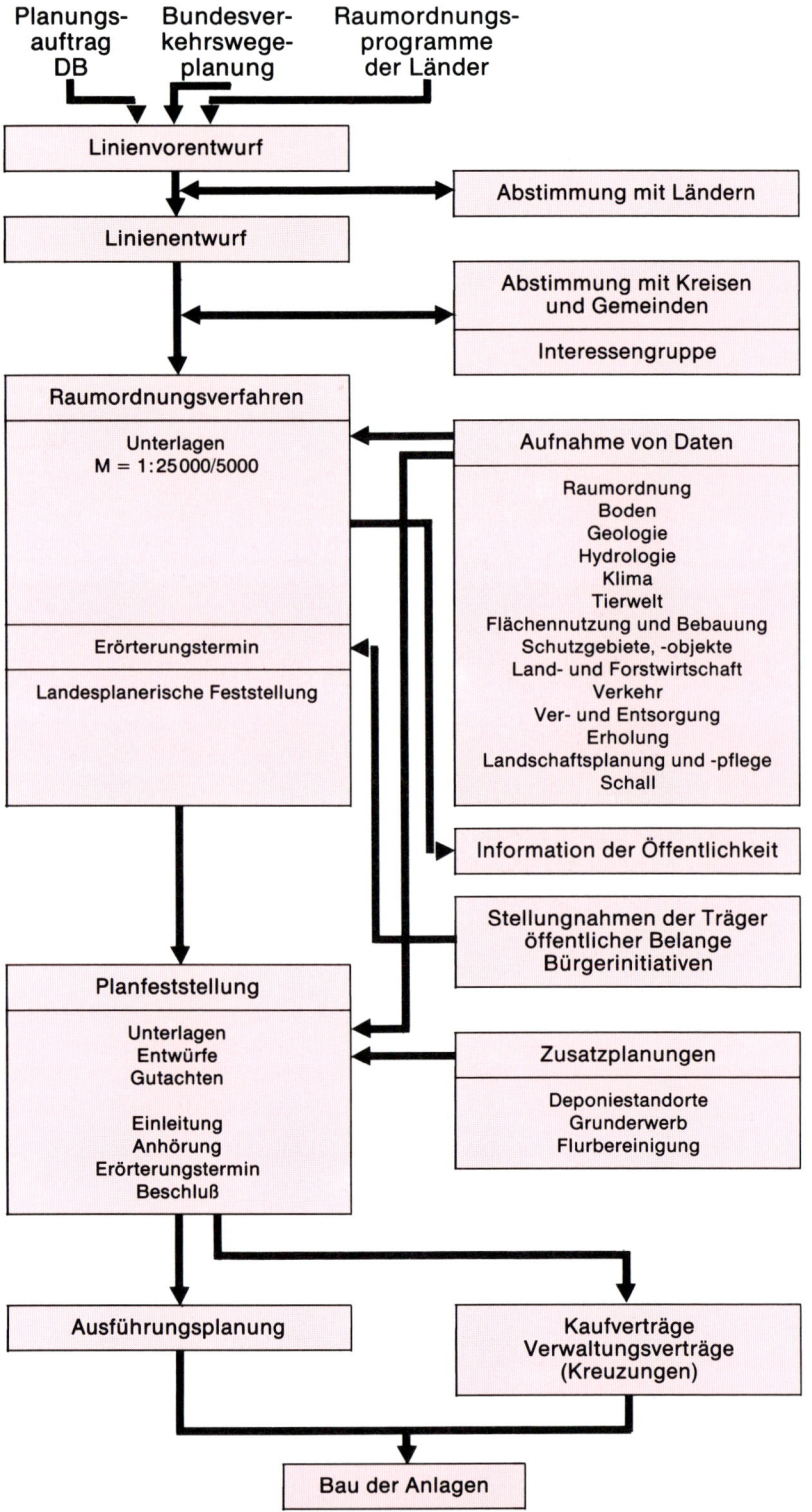

Tafel 6: Vereinfachtes Ablaufschema zum Genehmigungsverfahren für den Bau der neuen Bahnstrecken (nach Wesemüller)

Da die Neubaustrecken unbestritten die Interessen der Anlieger, Gemeinden und Städte berühren, haben auch Bürger von Rechts wegen nicht nur Anspruch auf ausreichende Information, sondern auch vielfältige Mitwirkungs- und Einspruchsmöglichkeiten. Selbst der Rechtsweg steht ihnen offen.

In Tafel 6 ist der Weg vom Planungsauftrag bis zum Bau der Anlagen schematisch dargestellt. Die Schwierigkeiten bei der Planung von Großprojekten liegen heute nur zu einem kleineren Teil im technischen Bereich; der größere Teil umfaßt die „Einpassung in die Umwelt". Deshalb

Bild 8: Die Erläuterung der Gründe für den Streckenneubau und die örtliche Planung vermittelte eine Wanderausstellung, die mit großen Modellen und Grafiken die komplizierten Zusammenhänge verständlich darstellt.

war von Anfang an eine transparente Planung notwendig, da sich die Planungen für die Neubaustrecken (NBS) in einem Spannungsfeld zwischen Umweltschutz einerseits und technischer sowie wirtschaftlicher Vertretbarkeit andererseits befanden. Für die Entscheidungsfindung war ein sehr komplexer Prozeß zu durchlaufen, der sich ständig zwischen Anregung, Information und Vertretbarkeit bewegte.

Die Neubaustrecken der Bahn sind zwar in den Raumordnungs- und Landesentwicklungsplänen der Länder verankert, doch hat sich gezeigt, daß die planerische Arbeit einen langwierigen Optimierungsprozeß darstellt, bei dem mehr planerische als technische Probleme im Vordergrund stehen. Die dichte Besiedlung unseres Landes und der damit einhergehende enorme Flächenverbrauch für Siedlungs-, Industrie- und Verkehrsflächen und nicht zuletzt die vielen Umweltschutzprobleme bewirkten, daß quer durch alle Bevölkerungsschichten über das Für und Wider, oft über viele Jahre hinweg, diskutiert wurde. Teilweise sind Zeiträume von zehn Jahren und mehr zwischen dem Beginn der Streckenplanung und dem Baubeginn vergangen. Darin zeigt sich, daß die Planung von Großprojekten heutzutage nur auf der Basis einer offenen Information und konstruktiver Zusammenarbeit mit den Beteiligten durchführbar ist (Bild 8).

Dank der öffentlich geführten Diskussionen in Form zahlreicher Informationsveranstaltungen konnten oftmals bereits in einem sehr frühen Stadium berechtigte Belange aus diesem Kreis berücksichtigt werden. Teilweise gelang es auch, emotionsgeprägte ablehnende Haltungen abzubauen.

Rolle der Bürgerinitiativen

Mit dem Bekanntwerden der Streckenplanungen der Deutschen Bundesbahn bildeten sich allerorts Bürgerinitiativen, um gemeinsame Ziele geltend zu machen und durchzusetzen.

Aufgrund ihrer örtlichen Kenntnisse brachten sie vielfach – was nicht zu verkennen ist – konkrete Änderungsvorschläge vor, die nicht selten zu Planungsänderungen im Sinne einer Trassenverbesserung führten. Solche Bürgerinitiativen haben sich dann nach dem erzielten Ergebnis wieder aufgelöst.

Obwohl die Bahn keinesfalls am Bürger vorbeiplant, ist es nicht immer möglich, es allen recht zu machen. Unumstößliche Sachzwänge und übergeordnete Zusammenhänge setzen hierbei Grenzen. Die Bahn muß als öffentliches Unternehmen die Interessen des Ganzen wahren, die nicht nur im Gegensatz zu denen eines Bürgers, sondern auch zu denen einer Gemeinde stehen können. Der Kompromiß ist hier die Lösung. Ansonsten würden aus der Gesamtschau heraus als minimal einzustufende Verbesserungen unvertretbar hohe Kosten verursachen. Wegen dieser Sachzwänge waren die Widerstände gegen die Planung teilweise sehr erheblich. Unter dem Einfluß der Bürgerinitiativen versuchten auch Gemeinden zusätzlich zu den bereits im Raumordnungsverfahren festgelegten Vereinbarungen weitere Forderungen zu erheben. Meist handelte es sich hierbei um Untertunnelungen. Allein für die Neubaustrecke Mannheim–Stuttgart hätten diese Forderungen etwa 600 Millionen DM an Steuermitteln gekostet.

So erschien es zum Beispiel in der Gemeinde Möglingen an der Neubaustrecke Mannheim–Stuttgart nicht vertretbar, die von der Gemeinde sowie vom Bauernverband geforderte 2,5 Kilometer lange Untertunnelung reiner Ackerflächen mit Mehrkosten von 40 Millionen DM durchzuführen.

In einigen Regionen bestanden beispielsweise so starke Widerstände, daß den mit der Planung Beauftragten die Benutzung gemeindeeigener Wege zur Durchführung von Probebohrungen oder sonstiger Untersuchungen untersagt wurde. Selbst die Einsicht in planungsnotwendige Unterlagen oder Daten wurde verweigert.

Dies führte dazu, daß noch vor Einleitung des jeweiligen Planfeststellungsverfahrens langwierige Verhandlungen mit dem Bundesminister für Verkehr sowie mit den Länderministerien geführt werden mußten, um einen für beide Seiten tragbaren Kompromiß zu finden. Wo keine Lösungen gefunden werden konnten, haben sich die Bürgerinitiativen – vielfach unter Verlust ihrer größten Anhängerschaft – in Einzelfällen zu Aktionsgemeinschaften zusammengeschlossen.

Im Bereich der Neubaustrecke Mannheim–Stuttgart war es die Aktionsgemeinschaft „Schnellbahntrasse e.V." mit etwa 900 Mitgliedern. Ihr oberstes Ziel war die Verhinderung der gesamten Neubaustrecke (Bild 9).

Interessant ist hierbei die Tatsache, daß zum Beispiel bei der Neubaustrecke Mannheim–Stuttgart alle Klagen abgewiesen wurden; einige Kläger sind allerdings in die Berufung gegangen. Diese Verfahren gingen teils bis zum Bundesverwaltungsgericht, was Verzögerungen bis zu fünf Jahren ergab. Zur Vermeidung weiterer empfindlicher Verzögerungen und zur Abwendung wirtschaftlicher Schäden mußte in einigen Planfeststellungsbereichen mit dem Sofortvollzug gebaut werden.

Als sich abzeichnete, daß die Aktionsgemeinschaft ihr oberstes Ziel nicht erreichen konnte, konzentrierten sich ihre Aktivitäten auf die juristischen Möglichkeiten, ins Planungsrecht einzugreifen. Nach Möglichkeit sollten in jedem Planungsfeststellungsbereich Kläger gefunden werden, denen in der Regel die Übernahme der Prozeßkosten zugesagt wurde. Auch durch den Kauf von Sperrgrundstücken konnten die Ak-

Bild 9: Mit Plakaten, Veranstaltungen und Flugblättern fordert eine Bürgerinitiative zum Kampf gegen die Neubaustrecke auf.

tionsgemeinschaften als eigentumsgeschädigte Kläger auftreten.

Nicht nur Bürgerinitiativen, sondern auch die großen Umweltschutzbehörden standen dem Projekt anfänglich ablehnend gegenüber. In Grundsatzbeschlüssen haben sie jedoch später die Neubaustrecke befürwortet und diese Haltung auch gegenüber der Öffentlichkeit vertreten.

Kosten und Prognosen für neue Strecken

Nach dem Preisstand von 1986 werden 11 Milliarden DM auf die Neubaustrecke Hannover–Würzburg und 3,6 Milliarden DM auf die Neubaustrecke Mannheim–Stuttgart entfallen (Tafel 7). Etwas mehr als 40 Prozent der Kosten sind für die Kunstbauten (Brücken, Tunnel) veranschlagt, während der Grunderwerb mit nur 4 Prozent kaum ins Gewicht fällt (Tafel 8).

Für einen Kilometer Neubaustrecke ergeben sich daraus für die Strecke Hannover–Würzburg Kosten von fast 34 Millionen DM und für die Strecke Mannheim–Stuttgart solche von rund 36 Millionen DM. Vergleicht man damit die Kosten von Neubaustrecken anderer Bahnverwaltungen (Tafel 9), so zeigt sich, daß die DB-Strecken mit zu den teuersten gehören. In groben Zügen läßt sich aus diesem Vergleich ableiten, daß die Geländetopographie im Wesentlichen die Kosten bestimmt. So werden die spezifischen Kosten der in der Oberrheinebene geplanten Neubaustrecke

Tafel 7: Jährliche Ausgaben für die Neubaustrecken Hannover–Würzburg (H–W) und Mannheim–Stuttgart (M–S) seit 1973. Gesamtinvestitionen 14,5 Milliarden DM. Bis einschließlich 1985 Istausgaben, ab 1986 geplante Ausgaben (in Milliarden DM)

Jahr	Strecke H–W	M–S	Summenwerte der Ausgaben
1973	4,6	–	4,6
1974	13,5	–	18,1
1975	40,0	15,7	73,8
1976	57,6	87,5	218,9
1977	67,2	82,4	368,5
1978	57,0	65,9	491,4
1979	47,1	55,7	594,2
1980	98,5	40,3	733,0
1981	192,8	81,7	1 007,5
1982	409,9	98,4	1 515,8
1983	636,5	169,0	2 321,3
1984	1 106,7	283,6	3 711,6
1985	1 589,1	420,8	5 721,5
1986	1 962,0	610,0	8 294,0
1987	1 717,0	623,0	10 634,0
1988	1 218,0	487,0	12 339,0
1989	825,0	305,0	13 469,0
1990	513,0	145,0	14 127,0
1991	296,0	70,0	14 493,0
Summe	10 851,5	3 641,0	14 492,5

beitsplätze gesichert. Erfreulich hierbei ist, daß etwa 70% der Beschäftigten ihren Wohnsitz im Nahbereich der Trassen haben. Außerdem werden rund 60 Prozent des Bauvolumens ebenfalls von „ortsansässigen" Firmen abgewickelt, so daß die Regionen, in denen gebaut wird, den größten Nutzen haben. Die Bahn hat die Bauvorhaben bewußt in kleine Lose aufgeteilt, so daß auch kleine Firmen als Subunternehmer auftreten können, worauf auch in den Ausschreibungsunterlagen zum Teil hingewiesen wurde. Nur 25 Prozent des Bauvolumens entfallen auf deutsche Firmen mit Sitz außerhalb des Einzugsbereiches einer Trasse.

Wiederholt wurde die Wirtschaftlichkeit der DB-Planungen untersucht, wofür sogenannte Korridoruntersuchungen die Grundlage bildeten. Ausgehend von den Bedarfsprognosen wurden Kosten und Nutzen für den Ausbau der drei Verkehrsarten Bahn/Straße/Schiff für die drei Korridore Mannheim–Stuttgart, Hannover–Würzburg und Köln–Frankfurt vergleichend untersucht. In

Tafel 8: Prozentuale Aufteilung der veranschlagten Baukosten für die beiden Neubaustrecken Hannover–Würzburg und Mannheim–Stuttgart

Kostengruppen	prozentualer Anteil
Planung	6,3
Grunderwerb	4,0
Bahnkörper	15,8
Tunnel	32,2
Brücken	11,3
Hochbau	1,7
Oberbau	6,4
Signal- und Fernmeldeanlagen	7,4
Elektrotechnische Anlagen	10,0
Anlagen Dritter (z. B. Straßen)	4,9
Summe	100,0

Karlsruhe–Offenburg wegen der weitaus geringeren Anzahl von Kunstbauten nur etwa die Hälfte von denen der im Bau befindlichen Mittelgebirgsstrecken betragen.

Mit dem Bau der beiden neuen Strecken (Hannover–Würzburg und Mannheim–Stuttgart) werden für die Dauer von zehn Jahren – so lange beträgt ihre voraussichtliche Bauzeit – etwa 30 000 Ar-

jedem Fall hatte der Bau von Bahnstrecken das günstigste Kosten-Nutzungsverhältnis. Nach einem vom Bundesminister für Verkehr im Frühsommer 1983 in Auftrag gegebenen Gutachten wurden die beiden Neubaustrecken nach den neuesten zur Verfügung stehenden Daten hinsichtlich Baukosten und des zu erwartenden Verkehrsaufkommens analysiert. Für die Neubaustrecke Hannover–Würzburg errechneten die Gutachter ein Kosten-Nutzen-Verhältnis von 3,8 und für die Neubaustrecke Mannheim–Stuttgart eines von 4,5.

Unter Berücksichtigung der Kosten für Abschreibung, Unterhaltung und Betriebsführung dürfte

Tafel 9: Preisstände französischer, japanischer und deutscher Neubaustrecken-Projekte

Linie	spez. Kosten (Millionen DM/km)	Preisstand	Mindesthalbmesser (m)	Höchstneigung (‰)
Paris–Lyon	6	1982	4000	35
Paris–Süd-West	10	1982	4000	15
Karlsruhe–Offenburg	18	1984	5100	06
Tokaido	26	1982	2500	20
Sanyo II	29	1982	4000	15
Hannover–Würzburg	34	1984	5100	12,5
Sanyo I	35	1982	4000	15
Mannheim–Stuttgart	36	1984	5100	12,5
Tohoku	43	1982	4000	15
Juetsu	65	1982	4000	15

nach einem im Auftrag des BMV erstellten Gutachten bei Zugrundelegung des erweiterten Verkehrszuwachses unter dem Strich ein um jährlich 900 Millionen DM verbessertes Wirtschaftsergebnis zu erwarten sein. Wird auch noch ein kalkulatorischer Zinsfuß von 3,5 Prozent berücksichtigt, so wird das verbesserte Wirtschaftsergebnis immer noch rund 700 Millionen DM betragen.

Gut ausgebaute Schienenverkehrsnetze können in der Tat sehr attraktiv sein. Daß dies selbst auf alten Strecken noch möglich ist, beweist das IC-Netz, das vielleicht noch weiter verdichtet werden soll. Auch das S- und U-Bahn-Netz des Münchner Verkehrsbundes hat alle Prognosen weit übertroffen: die Fahrgastzahlen verdreifachten sich.

Ungewöhnliche und kuriose Fälle beim Streckenbau

Stellvertretend für das breite Spektrum von Problemen, die beim Grunderwerb und dem Bau auftraten, werden nachfolgend einige Begebenheiten herausgegriffen, die der Dezernent E. Kempf von der Projektgruppe Hannover–Würzburg Mitte zusammengetragen hat.

Bundesbahn erwirbt Friedhof

Im Zuge des Kaufes eines großen Anwesens blieb keine andere Wahl, als den dazugehörigen Friedhof mitzuerwerben. Es war keineswegs ein aufgelassener, sondern einer mit bestehenden Bestattungsrechten. Mit dem Kauf dieses Friedhofes war die Auflage verbunden, ihn noch 50 Jahre nach der letzten Bestattung zu pflegen. Die Bahn versuchte daher verständlicherweise ihn wieder loszuwerden. Bis es soweit war, wurde dem dafür zuständigen Mitarbeiter der Titel „Bundesbahnfriedhofsdirektor" zuerkannt. Von seinem Ehrenamt konnte er alsbald wieder freigestellt werden, nachdem eine Familie, der dieses Anwesen früher gehörte, einen Familienverein gegründet hatte, der mit der Überschreibung dieser Parzelle einverstanden war.

Bundesbahn löst Sägerechte ab

Eine in der Nähe der Trasse gelegene Landwirtschaft hatte das alte Recht, einem Fluß Wasser zum Antrieb eines Sägewerkes zu entnehmen und gegebenenfalls den Fluß auch aufzustauen. Wegen der beim Aufstauen anfallenden Wassermengen durfte der Wasserdurchlaß nicht als Rohr ausgeführt werden (Preisunterschied zwischen Rohr und Brücke etwa 850 000 DM). Nur bei Löschung dieses Wasserrechts war die Rohrlösung möglich. Gegen Zahlung von 50 000 DM – dieser Wert erschien aufgrund eines anderen Gutachtens vertretbar – war der Landwirt zur Löschung dieses Wasserrechts im Wasserbuch einverstanden.

Sprengarbeiten verursachen Immenschaden

Ein Nebenerwerbsimker verlangte für seine während des Winters über einer Tunnelbaustrecke verendeten Bienenvölker Schadenersatz. Dem Vertreter der DB war dieses Ansinnen zunächst völlig unverständlich. Von dem für diesen Fall zuständigen Landratsamt wurde jedoch ausgeführt, daß Bienenvölker in ihrer Winterruhe keinen Erschütterungen ausgesetzt sein dürfen, ansonsten bricht die Bienentraube auseinander und die Bienen sterben an Unterkühlung.

Der nicht erstellte Weidezaun oder die unendliche Kausalkette

Um den Ärger mit einem Landwirt zu vermeiden, hatte ihm die Bahn die Kosten für Zäune beiderseits einer Baustraße erstattet. Erstellt wurden diese von ihm allerdings nicht. So blieben auch die Folgen nicht aus, weshalb er folgendes Schreiben an die DB richtete:

Sehr geehrte Damen und Herren!
Im Jahre 1983 war ich gezwungen, meine 24 Milchkühle durch die Baustraße auf meine Weiden zu treiben. Hierbei haben sich 15 Kühe an ihren Füßen verletzt, 5 Kühe wurden durch meinen Tierarzt operativ behandelt. Um die 10 weiteren Kühe habe ich mich selbst bemüht. Es besteht darüber in fachlicher Hinsicht kein Zweifel, daß durch die Erkrankungen der Hufe und die damit verbundenen Schmerzen die Milchleistung der Tiere abgesunken ist. Ich mache die Deutsche Bundesbahn für diesen Schaden haftbar und muß feststellen, daß mir durch die Milchquotierung meine Referenzmenge, die ich zukünftig nur noch liefern kann, geringer ausfallen wird. Mein Antrag auf eine höhere Referenzmenge unter Berücksichtigung der vorgenannten Erkrankung meiner Tiere wurde vom Amt für Landwirtschaft und Landentwicklung mit dem Bemerken abgelehnt, daß es sich hierbei einwandfrei um eine rechtliche Auseinandersetzung mit der Deutschen Bundesbahn handle und das vorgenannte Amt dafür nicht zuständig sei.

Die Gestaltung der neuen Strecken

Vorgaben durch das Leistungsangebot

Früher wurde der Streckenverlauf und damit die Leistungsfähigkeit einer Strecke überwiegend von der Topographie bestimmt. Der Krümmungsradius und die Neigung waren die beiden wesentlichen Parameter, die den Streckenverlauf bestimmten. Hinzu kam, daß beim seinerzeitigen Bau der Bahnstrecken zur Minimierung der Transportwege ein weitgehender Ausgleich zwischen den Bodenmassen angestrebt wurde, die einerseits aus Einschnitten und Tunnel anfielen und die andererseits zur Dammschüttung erforderlich wurden. Dieses auch bei noch beim Bau von Autobahnen und Schnellstraßen geltende Prinzip, kommt jetzt beim Entwurf und Bau der Neubaustrecken nicht mehr zum Tragen.

Die Gestaltung der neuen Strecken steht viel-

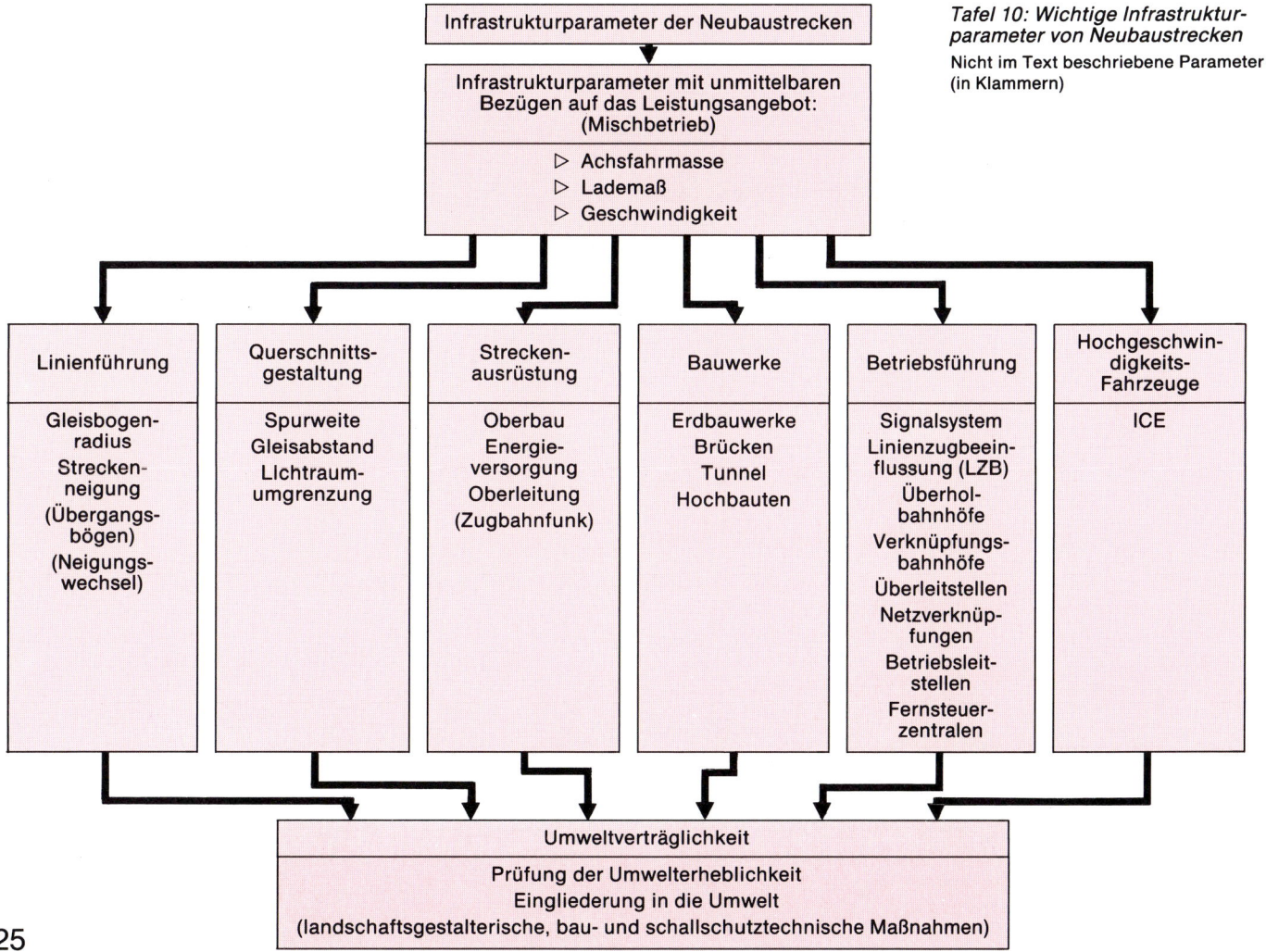

Tafel 10: Wichtige Infrastrukturparameter von Neubaustrecken
Nicht im Text beschriebene Parameter (in Klammern)

mehr in unmittelbarem Bezug zum Leistungsangebot: Geschwindigkeit–Achsfahrmasse–Lichtraumprofil sind die für die Gestaltung der Strecken maßgeblichen primären Parameter. Von ihnen leiten sich alle weiteren zur Infrastruktur der neuen Strecken gehörigen Parameter ab. Es sind dies nicht nur die früher so maßgeblichen Parameter der Linienführung und Querschnittgestaltung. Zur Infrastruktur gehören gleichwohl auch Streckenausrüstung, Bauwerke, Betriebsführung, Fahrzeuge sowie die Umweltverträglichkeit der einzelnen Parameter (Tafel 10).

Während in den letzten Jahrzehnten sowohl hinsichtlich der zulässigen Geschwindigkeiten als auch hinsichtlich der zulässigen Achsfahrmassen die Anforderungen erheblich gestiegen sind, ergaben sich für das Lademaß und damit für das Lichtraumprofil (darunter wird der von Einbauten frei zu haltende Raum verstanden) nur wenige Veränderungen.

In den letzten Jahren gewannen zudem insbesondere die Kriterien für die Fahrdynamik und den Erhaltungsaufwand der Strecken an Bedeutung, so daß auch in dieser Hinsicht eine geometrische und bauliche Überarbeitung der seit alters her gültigen Trassierungsparameter notwendig wurde.

Mit dem Ziel, für das vorgesehene Leistungsangebot günstige Fahrbedingungen zu schaffen, wurden unter anderem folgende Forderungen definiert:
▷ großzügige Wahl der Trassierungselemente,
▷ Schaffen eines stetigen Krümmungsverlaufes,
▷ möglichst wenig Fahrkantenunterbrechungen, also möglichst wenig Weichen.

Linienführung und Einbindung der neuen Strecken in die Umwelt

Linienführung

Die Linienführung oder Trassierung einer Strecke wird maßgeblich von den beiden Parametern *Streckenradius* und *Streckenneigung* bestimmt. Da das vorgesehene Betriebsprogramm einen Mindestradius von 5100 Meter erfordert und die Streckenneigung 12,5 Promille nicht überschreiten darf, resultieren daraus verhältnismäßig starre Parameter für die Linienführung. Die neuen Strecken unterscheiden sich deshalb augenfällig von den alten.

Bild 10: Beim Bau der neuen Strecken mußte die im vorigen Jahrhundert weitgehend angewandte topographische Linienführung, das heißt entlang der von der Natur vorgezeichneten Verkehrswege, aufgegeben werden. Die Trassen verlaufen dadurch vielfach quer zu den Tälern. So überquert die Neubaustrecke Hannover–Würzburg kurz vor Würzburg, nachdem sie den Eichelberg-Tunnel (im Vordergrund) verlassen hat, das Bärntal, um sogleich im Neuberg-Tunnel erneut eine Hochfläche zu durchfahren.

Der auf Neubaustrecken vorgesehene Mischbetrieb mit schnellem Reisezugverkehr (250 km/h) und verhältnismäßig langsamen Güterzugverkehr (120 km/h) erfordert bei einer Begrenzung des Überhöhungsbetrages der Außenschiene auf 70 bis 85 Millimeter einen Regelhalbmesser von

7000 Metern. Der Mindesthalbmesser von 5100 Metern nützt bei den Geschwindigkeitseckwerten von 250 und 80 km/h den maximal zulässigen Summenwert von 130 Millimetern aus Überhöhungsfehlbetrag (80 Millimeter bei 250 km/h) und Überhöhungsüberschuß (50 Millimeter bei 80 km/h) voll aus. Bei diesen Geschwindigkeiten erreichen die aus der Fliehbeschleunigung beziehungsweise aus dem „Hangabtrieb" resultierenden Schienenkräfte ihre höchsten noch zulässigen Werte. Daraus ergibt sich nicht nur ein erhöhter Verschleiß an der Außen- beziehungsweise Innenschiene, sondern es treten zugleich Gleisveränderungen auf, die einen höheren Unterhaltungsaufwand (Lageberichtigungen, Auswechseln der Schienen) bedeuten. Der Mindestradius soll daher auf Sonderfälle beschränkt bleiben. Der auf 7000 Meter ausgelegte Regelradius trägt somit auch den Gesichtspunkten einer möglichst wenig aufwendigen Gleisunterhaltung Rechnung.

Während der Planungsphase wurden mitunter sogar Radien bis weit unter 4000 Meter und Steigungen bis 18 Promille gefordert.

Die zur Überwindung von Höhenunterschieden notwendigen Streckenneigungen dürfen nach der Eisenbahn- und Betriebsordnung (EBO) 12,5 Promille keinesfalls überschreiten. Dieser Wert stellt eine Obergrenze dar und sollte aus betrieblichen Gründen (zum Beispiel Geschwindigkeitseinbußen schwerer Züge auf langen Rampen) möglichst vermieden werden.

Die Anforderungen, die bei Neubaustrecken an die Parameter der Linienführung gestellt werden, führten dazu, daß die topographische Linienführung, das heißt entlang der von Natur aus vorgegebenen Verkehrswege, weitgehend aufgegeben werden mußte (Bild 10). So haben bei den beiden zur Zeit noch im Bau befindlichen Strecken, die zum überwiegenden Teil durch die kleinräumi-

Tafel 11: Zahlen der Neubaustrecken Hannover–Würzburg und Mannheim–Stuttgart

	NBS Hannover–Würzburg (H/W)				NBS Mannheim–Stuttgart (M/S)	
	PGr[1] Hannover–Würzburg				PGr[1] M/S	Summe NBS H/W u. M/S
	Nord[2]	Mitte[2]	Süd[2]	H/W		
Streckenlänge in km	133	111	83	327	99	426
davon in neuer Trassenführung	105	88	80	273	93	366
in paralleler Trassenführung	28	23	3	54	6	60
Gleislänge in km einschließlich Verknüpfung mit dem vorhandenen Netz	275	255	187	717	253	970
Streckenanteile in km						
Damm . . . . km	48	15	14	77	22	99
Einschnitt . . . . km	35	28	19	82	37	119
ebenerdig . . . . km	9	5	3	17	3	20
Tunnel . . . . km	34	49	39	122	33[3]	155
Stck	15	27	19	61	15	76
Brücken . . . . km	8	14	8	30	5	35
Stck	180	69	45	294	90	384
davon:						
Aufständerungen . . . . Stck	8	–	–	8	1	9
Talbrücken . . . . Stck	8	22	13	43	6	49
Eisenbahnbrücken . . . . Stck	106	28	18	152	29	181
Straßenbrücken . . . . Stck	58	19	14	91	54	145
Flächenbedarf in ha nur Grunderwerb für Bahnanlagen auf Dauer	457	305	189	951	350	1301

[1] PGr = Projektgruppe [2] Streckenkilometerbereiche: Nord 0,000–133,210, Mitte 133,210–244,391, Süd 244,391–327,361 [3] einschließlich Nebenwegtunnel (vgl. Tafel 28)

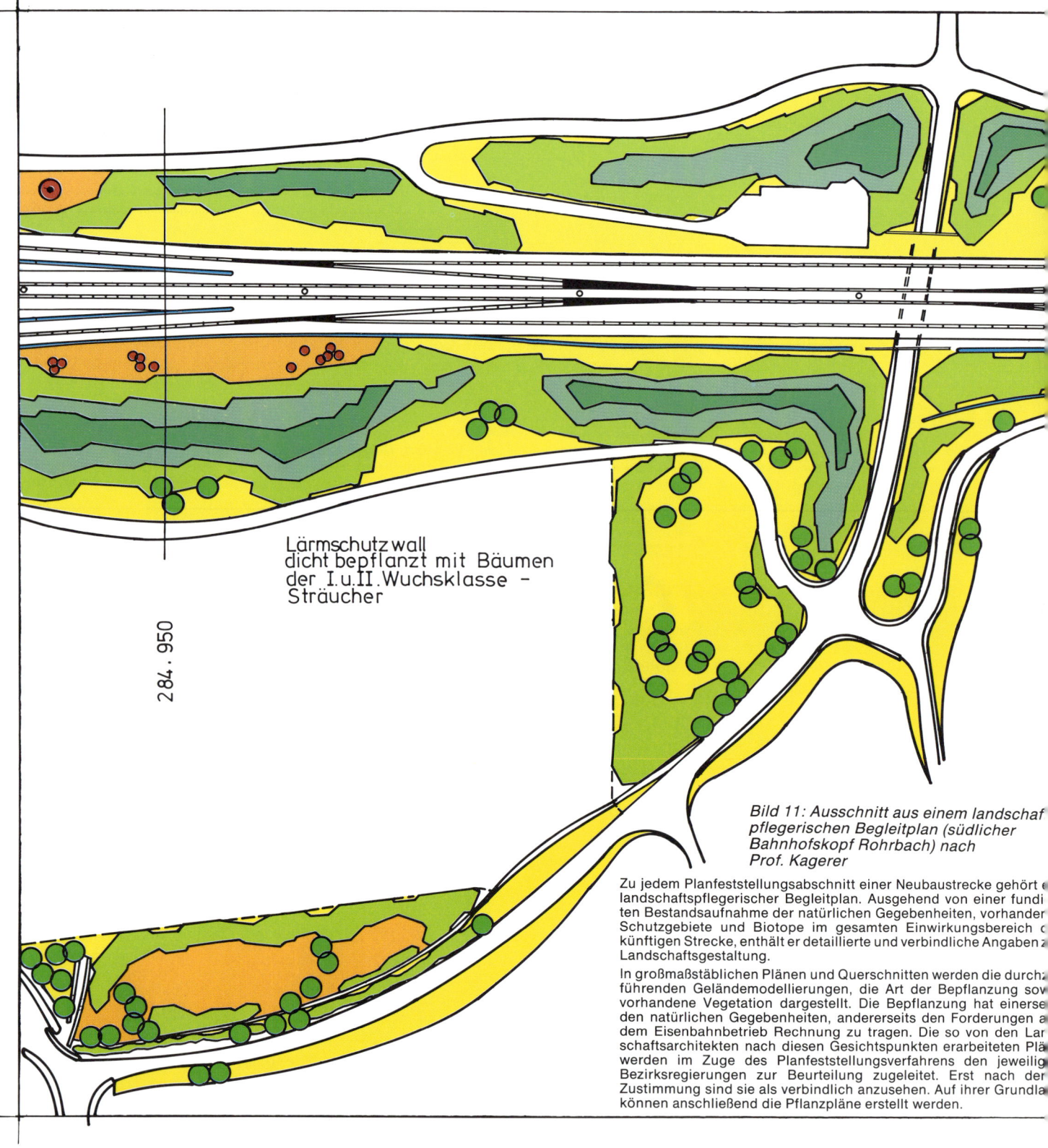

Bild 11: Ausschnitt aus einem landschaftspflegerischen Begleitplan (südlicher Bahnhofskopf Rohrbach) nach Prof. Kagerer

Zu jedem Planfeststellungsabschnitt einer Neubaustrecke gehört ein landschaftspflegerischer Begleitplan. Ausgehend von einer fundierten Bestandsaufnahme der natürlichen Gegebenheiten, vorhandener Schutzgebiete und Biotope im gesamten Einwirkungsbereich der künftigen Strecke, enthält er detaillierte und verbindliche Angaben zur Landschaftsgestaltung.

In großmaßstäblichen Plänen und Querschnitten werden die durchzuführenden Geländemodellierungen, die Art der Bepflanzung sowie vorhandene Vegetation dargestellt. Die Bepflanzung hat einerseits den natürlichen Gegebenheiten, andererseits den Forderungen an dem Eisenbahnbetrieb Rechnung zu tragen. Die so von den Landschaftsarchitekten nach diesen Gesichtspunkten erarbeiteten Pläne werden im Zuge des Planfeststellungsverfahrens den jeweiligen Bezirksregierungen zur Beurteilung zugeleitet. Erst nach deren Zustimmung sind sie als verbindlich anzusehen. Auf ihrer Grundlage können anschließend die Pflanzpläne erstellt werden.

	MAGERRASEN
	WIESE

EINZELBÄUME (1)
Pflanzgröße: 3 × v. H., STU 18–20
Arten:
- Quercus petraea – Traubeneiche
- Quercus robur – Stieleiche
- Pinus silvestris – Kiefer
- Acer platanoides – Spitzahorn
- Prunus avium – Vogelkirsche
- und Arten wie unter 4

OBSTGEHÖLZE (2)
Apfel, Birne, Kirsche in standorttypischen Sorten und Größen

EINZELSTRÄUCHER (3)
Pflanzgröße: Solitär 3 × v., 125–150
Arten: wie angegeben unter 6

AUFPFLANZUNG
GEHÖLZE I. WUCHSKLASSE (4)
Pflanzgröße: Heister 2 × v. (3 × v.), 150–200
Arten:
- Quercus petraea – Traubeneiche
- Quercus robur – Stieleiche
- Fagus silvatica – Buche
- Acer platanoides – Spitzahorn
- Fraxinus excelsior – Esche
- Pinus silvestris – Kiefer

GEHÖLZE II. WUCHSKLASSE (5)
Pflanzgröße: Heister 2 × v., 125–150
Arten:
- Carpinus betulus – Hainbuche
- Prunus avium – Vogelkirsche
- Sorbus aucuparia – Eberesche
- Sorbus aria – Mehlbeere
- Malus silvestris – Wildapfel

HOHE BIS MITTELHOHE STRÄUCHER (6)
Pflanzgröße: L. Hei., 80–100
Arten:
- Acer campestre – Feldahorn
- Cornus sanguinea – Hartriegel
- Corylus avellana – Hasel
- Crataegus monogyna – Weissdorn
- Euonymus europaea – Pfaffenhütchen
- Ligustrum vulgare – Liguster
- Lonicera xylosteum – Heckenkirsche
- Prunus spinosa – Schlehe
- Rhamnus cathartica – Kreuzdorn
- Salix caprea – Weide
- Sambucus nigra – Holunder
- Sambucus racemosa – Traubenholunder
- Viburnum lantana – Schneeball
- Rosa canina – Hundsrose
- Juniperus communis – Wacholder

NIEDRIGE STRÄUCHER
Arten:
- Rosa canina – Hundsrose
- Cytisus scoparius – Besenginster
- Rubus fruticosus – Brombeere
- Rosa nitida – Glanzrose
- und andere Wildrosenarten

ENTWÄSSERUNGSGRABEN OFFEN

BAHNGLEIS

gen Landschaftsstrukturen der Mittelgebirge führen (Strecke Hannover–Würzburg zu über 90 Prozent, und Strecke Mannheim–Stuttgart zu 65 Prozent), Geländegleichlagen nur noch einen sehr geringen Anteil am Trassenverlauf (etwa 3 bis 5 Prozent, siehe Tafel 11). Die dominierenden Elemente neuer Strecken sind daher zahlreiche Kunstbauten, hohe Dämme und tiefe Einschnitte. Ihre zu erwartende Wirkung auf das Landschaftsbild beziehungsweise ihre Einbindung in die Umgebung fand daher von vornherein besondere Beachtung (Bilder 11 und 12). Gleichwohl waren auch aus ökologischen Gründen (Einwirkung auf den Naturhaushalt, vergleiche Seite 19) sowie in Anbetracht der mit dem Betrieb verbundenen Schallimmissionen (Einwirkungsbereich Mensch, Tafel 12) Maßnahmen zur Einbindung der neuen Verkehrswege zu treffen.

Einpassung durch landschaftsgestalterische Maßnahmen

Um die mit dem Streckenneubau einhergehenden nachteiligen Wirkungen oder Folgen für die Landschaft rechtzeitig erkennen, abwenden oder zumindest durch Maßnahmen in unmittelbarem Umfeld oder auch fernab der Trassen durch Ausgleichs- beziehungsweise Ersatzmaßnahmen abmildern zu können, gehört zu jedem Planfeststellungsabschnitt einer Neubaustrecke ein landschaftspflegerischer Begleitplan.

Ausgehend von einer fundierten Bestandsaufnahme der natürlichen Gegebenheiten, vorhandener Schutzgebiete und Biotope im gesamten Einwirkungsbereich der künftigen Strecke, enthält er detaillierte und verbindliche Angaben zur Landschaftsgestaltung (Bild 11).

Landschaftspflegerische Maßnahmen umfassen jedoch keineswegs nur die vorerwähnten Maßnahmen. Auch die im Zuge des Trassenbaus notwendig gewordenen begleitenden Maßnahmen, wie Straßenverlegungen, Bau von Regenrückhaltebecken, oder die Anlage von Deponieflächen bedürfen eines landschaftspflegerischen Begleitplanes, der ebenso wichtig ist, wie der für die Trasse.

Einpassung durch technische Gestaltungsmaßnahmen

Die Einbindung der neuen Schienenwege in die Landschaft ist keineswegs nur auf landschaftspflegerische Maßnahmen beschränkt. Auch tech-

Tafel 12: Bewertete Schallpegel L_A in dB(A) bei der Vorbeifahrt verschiedener Schienenfahrzeuge auf riffelfreiem Gleis (nach Willenbrink und Hölzl)

Fahrzeug	Baureihe/Bauart des Drehgestells	Bremse[1]	Fahr-geschwin-digkeit (km/h)	L_A in dB(A) Meßstand von Gleis-mitte/Höhe über SO 25 m/3,5 m
Ellok	103, 110, 111	E, K	150	91–94
	140, 141 150, 151	K E, K	110	87–91
E-Triebzug	403	E, RS	80 160 220	73 81 86
	420	E, RS (jedes 2. Rad)	60 80 120	70 73 77
	420 (anfahrend)		40–70	75
	ICE (mit Radabsorber)	E, WS, WB	300	87
Reisezugwagen mit Drehgestellen	MD 33	K	80 160	83 94
	MD 36 (unter IC-Wagen)	WS	80 160 200 250	77 86 87 95
	MD 44	WS	80 140	79 85
	MD 52 (unter IC-Wagen)	WS	200	85–87
	LD 76	RS	80 140	73 79

[1] E = elektrische Bremse / K = Graugußklotzbremse / RS = Radscheibenbremse / WS = Achswellenscheibenbremse / WB = Wirbelstrombremse

nische Gestaltungsmaßnahmen können viel dazu beitragen. Neben den bei Brücken gegebenen Gestaltungsmöglichkeiten bieten sich dafür insbesondere Stützmauern in Einschnitten oder an Tunnelportalen an. Hier wurde teilweise von Natursteinverkleidung oder der Verwendung naturnaher Konstruktionen Gebrauch gemacht (Bild 13).

Einpassung
durch schallschutztechnische Maßnahmen

Die Einbindung der neuen Trassen in ihre Umgebung beinhaltet nicht nur landschaftspflegerische und optische Gestaltungsmaßnahmen; ebenso notwendig sind in unserer Zeit auch die schallschutztechnischen Maßnahmen, die sich ihrerseits ebenfalls in das Landschaftsbild einzufügen haben. Dafür bieten sich trassierungstechnische, rein technische (Bild 14) oder landschaftsbauliche Maßnahmen an.

Obwohl der Eisenbahnlärm weit weniger störend als Autolärm empfunden wird – ein Vorteil, der auch bei hohen Geschwindigkeiten nicht verlorengeht – wird bereits bei der Trassierung versucht, daß möglichst wenig Lärm auf die Bürger einwirkt. Die Trassen werden ohnehin so weit wie möglich ortsfern zwischen den Siedlungen geführt, außerdem werden – wenn möglich – die neuen Strecken mit bestehenden Verkehrswegen gebündelt. Trassierungstechnische Schallschutzmaßnahmen allein reichen aber vielfach nicht aus, weshalb häufig aktiver Schallschutz unerläßlich ist, für den eine Reihe von Möglichkeiten zur Verfügung stehen. Durch die Anbringung von Schallschutzwänden, -wällen

Bild 12: Landschaftsgerechte Gestaltung eines Einschnittbereiches

Bild 13: Was beim Bahnbau einst die Regel war, wurde zuweilen heute wieder aufgegriffen: Verwendung von Natursteinen bei Stützmauern zu deren landschaftsgerechten Einbindung. Im Bild die Natursteinmauer am Südportal des Steinberg-Tunnels in Würzburg.

oder deren Abwandlungen (zum Beispiel Wälle mit aufgesetzten Wänden) läßt sich die Lärmbelästigung erheblich reduzieren.

Das Lärmproblem ist beispielsweise für die Neubaustrecke Hannover–Würzburg ohnehin nur für ein Drittel der gesamten Streckenlänge, also für gut 100 Kilometer relevant. Ein Drittel der Strecke wird in Tunneln und ein weiteres Drittel durch Einschnitte geführt. In diesen Abschnitten ist ein optimaler beziehungsweise guter Schallschutz gegeben. Für Schallschutzmaßnahmen verbleiben im wesentlichen nur jene Streckenabschnitte, wo die Neubaustrecke vor allem zusammen mit einer alten Strecke in Ortslage verläuft oder zu nahe an die vorhandene Bebauung heranreicht. Infolge der relativ schmalen Trasse und der tief liegenden maßgebenden Schallquelle mit ausgeprägter Richtcharakteristik ist eine wirksame Abschirmung der Schallabstrahlung möglich (Bild 15).

An dieser Stelle sei bemerkt, daß zuweilen der Eindruck entsteht, daß bei den Verkehrsplanungen verschiedener Planungsträger offensichtlich unterschiedliche Bewertungsmaßstäbe angelegt werden. Bei der Bahn werden Tunnel als selbstverständlich vorausgesetzt, nicht aber bei Autobahnen, weil sie dort zu teuer sind. Man überfrachtet damit die wesentlich umweltfreundlichere Bahn mit nicht mehr erfüllbaren Zusatzforde-

Bild 14: Schallschutzmaßnahmen in Mannheim

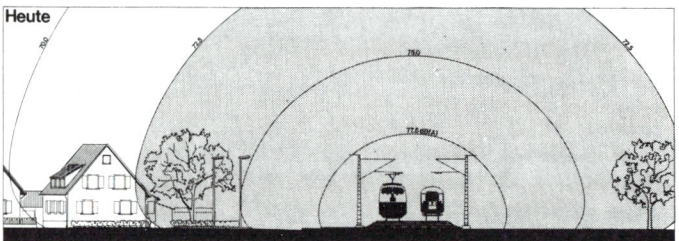
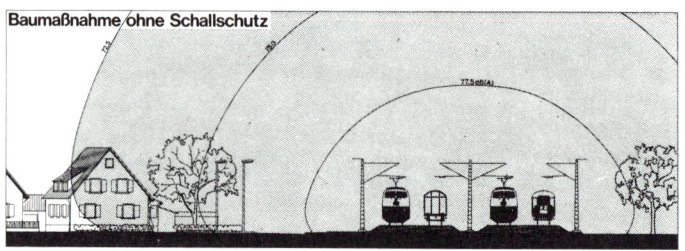

Bild 15: Vergleich der Schallbelastung heute und nach dem Streckenausbau

rungen und bewirkt damit wieder eine Investitionsverlagerung zugunsten der Straße, die selbst bei rücksichtsvoller Trassierung die Umwelt wesentlich mehr belastet als eine Eisenbahn.

Querschnittgestaltung und Flächenbedarf

Die Querschnitte einer Strecke werden vor allem von der Spurweite, dem Gleisabstand und dem lichten Raum bestimmt. Im Gegensatz zur Linienführung unterscheiden sich die Neubaustrecken in ihrer Querschnittgestaltung allerdings weit weniger von denen bestehender Strecken. Während die Neubaustrecken in ihrer Spurweite völlig kompatibel mit der des bestehenden Netzes sein müssen, haben der Gleisabstand und der lichte Raum Veränderungen zu erfahren.

Der *Gleisabstand* (= Entfernung der Gleisachsen) ist für Neubaustrecken auf 4,70 Meter festgelegt worden, und ist damit um 70 Zentimeter größer als im bisherigen Regelfall (Bild 16). Nicht

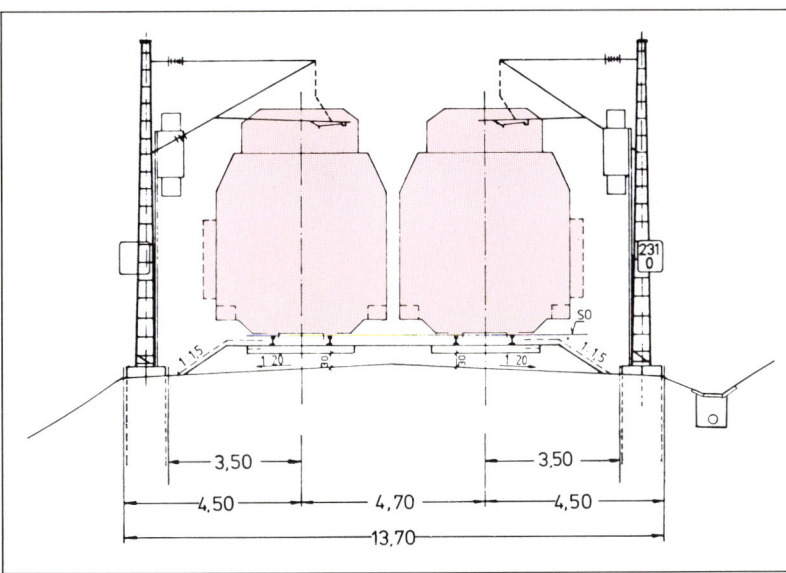

Bild 16: Regelquerschnitt der Neubaustrecke, gerade Gleisführung, Hanglage

Bild 17: Erweiterter Regellichtraum im Vergleich zum Regellichtraum

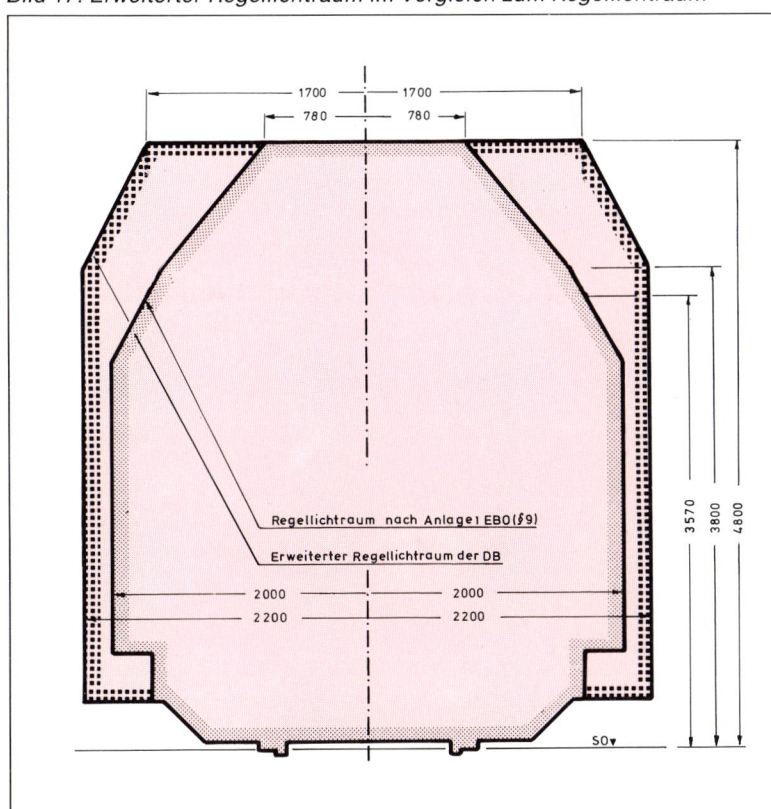

nur für die Neubaustrecken, sondern auch für die bestehenden Hauptabfuhrstrecken gilt bereits der *„erweiterte Regellichtraum"* (ERL). Die Einführung dieses Profils (Bild 17) geht vor allem auf die erhebliche Zunahme von Sendungen mit Lademaßüberschreitungen zurück. Der ERL ist so ausgelegt, daß er allen derzeit erkennbaren internationalen Bestrebungen genügen kann. Aus den beiden Parametern für die Querschnittgestaltung ergibt sich für die Neubaustrecken unter Berücksichtigung der beiden jeweils 1,35 Meter breiten Randwege eine Kronenbreite von 13,70 Meter in der Geraden. Der vergrößerte Gleisabstand trägt sowohl der Aerodynamik des Hochgeschwindigkeitsverkehrs als auch dem erweiterten Regellichtraum der Neubaustrecken Rechnung.

Daraus errechnet sich ein *Flächenbedarf* von 1,37 Hektar je Kilometer Planum. Nachdem bei der Neubaustrecke Hannover–Würzburg nur 205 Kilometer und bei der Neubaustrecke Mannheim–Stuttgart nur 66 Kilometer unter freiem Himmel verlaufen, werden für die beiden zusammen 426 Kilometer langen Strecken somit nur auf einer Länge von 271 Kilometern Grundstücke benötigt. Für die eigentlichen 13,70 Meter breiten Bahntrassen ergibt dies ein Gesamtflächenbedarf von rund 370 Hektar.

Für Einschnitte, Dämme, Bauwerke, Wege und dergleichen werden jedoch noch zusätzlich Flächen benötigt. Für die beiden Neubaustrecken erhöht sich dadurch der Flächenbedarf von rund 370 auf 1300 Hektar (siehe auch Tafel 11). Gemessen am täglichen Flächenbedarf von 120 bis 150 Hektar in der Bundesrepublik Deutschland, reduziert sich dieses Großprojekt auf eine Angelegenheit von etwa zehn Tagen. Während des Baus der Neubaustrecken werden darüber hinaus etwa doppelt so viel Flächen für Baustelleneinrichtungen, Lagerplätze, Zufahrtsstraßen oder Deponien benötigt.

Eine Autobahn ist bei gleicher Leistung 29,00 Meter breit und hat damit etwa den 2fachen Flächenbedarf (Bild 18). Da Autobahnen in Mittelgebirgslandschaften praktisch nicht untertunnelt werden, wäre der Flächenbedarf für eine Autobahn, die ebensolang ist wie die beiden Neubaustrecken zusammen, mit rund 12 Quadratkilometer anzusetzen. Der Mehrbedarf an Flächen ist somit für eine Bundesautobahn gegenüber einer Neubaustrecke mit dem Faktor 3,3 zu belegen. Oder anders ausgedrückt, könnte bei gleicher Flächenbeanspruchung anstelle einer 430 Kilo-

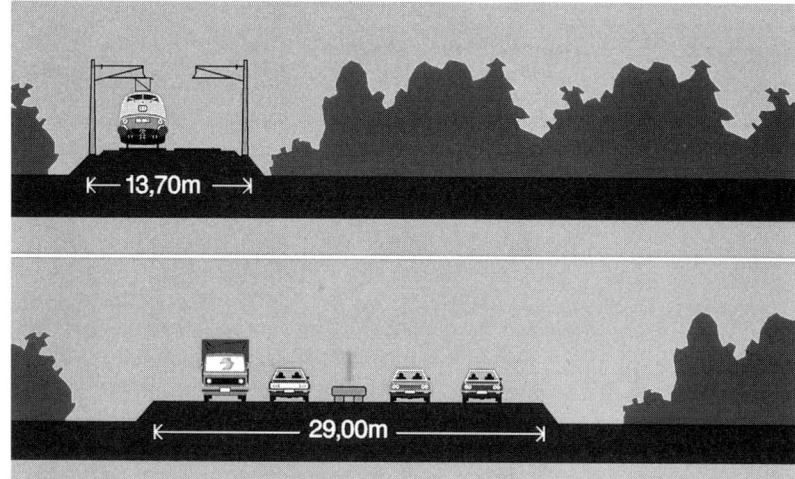

Bild 18: Um die gleiche Personen- und Güterverkehrsleistung zu erreichen, wie sie eine Neubaustrecke ermöglicht, ist eine Autobahn mit vier Fahrbahnen und zwei Standspuren erforderlich. Diese Autobahn ist dann 29,0 Meter breit; die Bahn kommt für den eigentlichen Bahnkörper ohne Seitenräume für Entwässerung und Kabeltrassen mit 13,7 Meter aus.

meter langen Bahnlinie nur eine ca. 130 Kilometer lange Bundesautobahn gebaut werden.

Alle nicht im Gleisbereich liegenden Flächen, die entweder vorübergehend oder auf Dauer erworben wurden, sind zu rekultivieren und werden damit dem Naturkreislauf wieder zugeführt. Die später nicht mehr benötigten Flächen können nach Abschluß der Bauarbeiten wieder an den Eigentümer zurückgegeben werden.

Streckenausrüstung

Zur Streckenausrüstung zählen vor allem Oberbau, Energieversorgung, Oberleitung und Zugbahnfunk. Es wurde dabei zwar auf bewährte Konstruktionen zurückgegriffen, sie mußten jedoch den neuen Verhältnissen angepaßt werden. Nur wenige Anpassungen bedurfte der Zugbahnfunk, weshalb auf ihn nicht weiter eingegangen sei.

Oberbau und seine zulässigen Achsfahrmassen

Als universell geeignete Oberbauform gilt nach wie vor der Schotteroberbau, der nicht zuletzt auch wegen seiner kostengünstigen Erstellung auch für Neubaustrecken empfohlen wird. Er besteht aus 2,60 Meter langen Monobloc-Betonschwellen, auf denen im Abstand von 0,60 Meter UIC 60-Schienen (80 Newton/mm^2) befestigt sind. Diese Konstruktion dürfte auch noch für Geschwindigkeiten über 250 km/h hinaus geeignet sein. Neben dem Schotter- oder Querschwellenoberbau ist seit über 20 Jahren auch die feste Fahrbahn als Konstruktionsprinzip bekannt. Verschiedene Systeme werden seit 1977 auf dem Streckenabschnitt Dachau–Karlsfeld (KBS 920) erprobt.

In dem ersten fertiggestellten Tunnel der Neubaustrecke Hannover–Würzburg, dem etwa 1,1 Kilometer langen Einmalberg-Tunnel bei Gemünden (Main), und auf 2,5 Kilometer Länge im benachbarten Mühlberg-Tunnel wurde eine feste Fahrbahn der Bauart „Rheda" versuchsweise verlegt. Diese Streckenabschnitte wurden ab September 1986 in Versuchsfahrten bis über 300 km/h getestet. Damit ist ein erster Schritt zur Anwendung der unkonventionellen Oberbautechnik auf Neubaustrecken getan.

Bei dem genannten Vorteil fester Fahrbahnen darf nicht übersehen werden, daß bei den Neubaustrecken Dammsetzungen sicher nicht ganz vermeidbar sein werden. Beim Schotteroberbau werden sie sich unproblematisch korrigieren lassen, und sein normaler Unterhalt ist mit den üblichen Methoden durchführbar. Die weiteren Forschungs- und Entwicklungsarbeiten werden zeigen, welche Bauweise letztlich die bessere Wahl darstellt.

Die bei den Neubaustrecken in Anwendung kommenden Oberbauarten sind für folgende Achsfahrmassen konzipiert:

19 t bei V_{max} = 250 km/h (nur ICE-Triebköpfe),
21 t bei V_{max} = 200 km/h (nur Lokomotiven),
22,5 t bei V_{max} = 120 km/h (nur Güterverkehr).

Einen untrennbaren Bestandteil des Oberbaus stellen die Weichen dar (Tafel 4). In den Betriebsbahnhöfen erlauben die zwischen den Haupt-

und Überholgleisen eingebauten Weichen bei einem Abzweigradius von 1200 Metern in Ablenkstellung eine Geschwindigkeit von 100 km/h. Die Weichen der Überleitstellen können bei einem Abzweigradius von 2500 Metern mit 130 km/h in der Ablenkstellung befahren werden. Abzweiggeschwindigkeiten von 200 km/h sind für Abzweigstellen auf freier Strecke, wie zum Beispiel bei Graben-Neudorf vorgesehen.

Weichen der durchgehenden Hauptgleise weisen ausnahmslos bewegliche Herzstücke auf (Bild 19), so daß eine höchstmögliche Kontinuität der Fahrbahn erreicht wird. Dies liegt sowohl im Interesse des Fahrkomforts als auch im Interesse einer möglichst geringen Beanspruchung der Fahrzeugkomponenten.

Um eine hohe Liegedauer zu erreichen, sind auch die Weichen der Neubaustrecke auf Betonschwellen verlegt.

Bild 19: Die Weichen der Neubaustrecken besitzen bewegliche Herzstücke, wodurch eine höchstmögliche Kontinuität erreicht wird.

Die Energieversorgung der neuen Strecken

85 Prozent ihrer Transportleistung erbringt die Deutsche Bundesbahn heute mit elektrisch betriebenen Zügen. Den Bahnstrom dafür gewinnt sie hauptsächlich aus krisenfesten einheimischen Energieträgern: aus Kohle und Wasserkraft. Weil Strom nicht nur umweltfreundlich ist, sondern elektrische Züge die Energie besser ausnutzen als Diesel-Loks, werden selbstverständlich auch die Neubaustrecken elektrifiziert. Den Strom dafür kann die Bahn aber nicht aus dem „normalen" Stromnetz beziehen, da die E-Loks der Deutschen Bundesbahn mit Einphasen-Wechselstrom der Frequenz 16⅔ Hertz fahren, der sich nicht ohne weiteres aus dem üblichen Strom gewinnen läßt. Deshalb verfügt die Bahn über ein eigenes Bahnstromnetz und eigene Kraftwerke.

Für die Neubaustrecken, die im Regelbetrieb ausschließlich mit elektrischer Zugförderung betrieben werden, bedeutet dies nach Inbetriebnahme der beiden Neubaustrecken einen Mehrbedarf an elektrischer Energie von etwa 5 Prozent.

Hinsichtlich des Energieverbrauches schneidet die Eisenbahn im Vergleich mit anderen Verkehrsmitteln außerordentlich günstig ab. Bei 50prozentiger Auslastung verhält sich der Energieverbrauch eines Intercity zum Mittelklasse-Pkw beziehungsweise zum Airbus wie 1:3:5,2. Vergleicht man die Verbrauchswerte eines Güterzuges mit denen eines Lkw, so ist das Verhältnis 1:8,7.

Im städtischen Nahverkehr benötigt ein mit zwei Personen besetzter Personenkraftwagen doppelt soviel Energie wie ein nur zu 25 Prozent besetzter S-Bahnzug und dreimal soviel Energie wie ein zu 20 Prozent besetzter Bus – pro Person und Kilometer.

Moderne Technologien, wie sie etwa in der neuen Drehstromlokomotive der Baureihe 120 verwirklicht sind, durch die unter anderem die beim Bremsen anfallende Energie zurückgewonnen werden kann, zeigen die Bemühungen der Bahn um eine optimale Energieausnutzung.

Oberleitung

Bei den Neubaustrecken kommt vom System her eine gegenüber der Regeloberleitung verbesserte Ausführung zur Anwendung. Diese Re 250 genannte Oberleitung wurde unter Federführung des Bundesbahnzentralamtes München in Zusammenarbeit mit der Industrie entwickelt (Bilder 20 und 21). Aufgrund des für die Neubaustrecken vorgesehenen Betriebsprogrammes muß die Re 250 einerseits in der Lage sein, höhere Leistungen als die Regeloberleitung zu übertragen, andererseits muß sie selbst bei 250 km/h und mehr eine zuverlässige Stromaufnahme durch die Triebfahrzeuge sicherstellen. Um diesen Anforderungen gerecht zu werden, mußte die Regeloberleitung in einigen wesentlichen Punkten

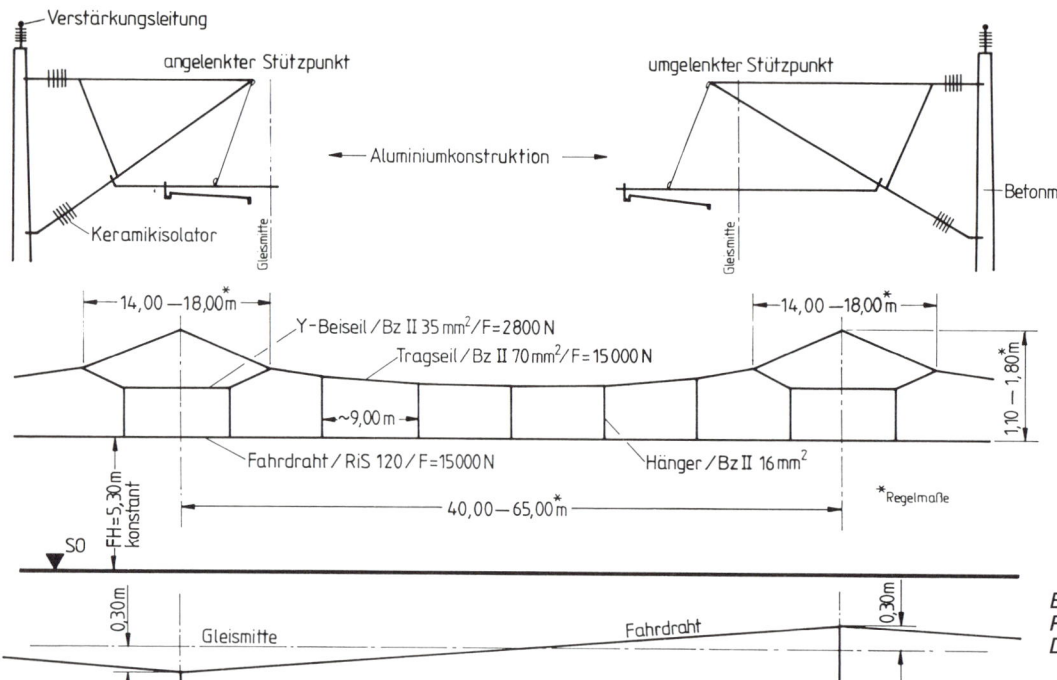

Bild 20: Regeloberleitung Bauart Re 250 und ihre wesentlichen Daten

geändert werden. Die geforderte erhöhte Leistungsfähigkeit wurde erreicht durch:

▷ Erhöhung der Stromfestigkeit des Kettenwerkes durch Querschnittsvergrößerung (Fahrdraht 120 Quadratmillimeter, Tragseil 70 Quadratmillimeter).

▷ Erhöhung der Verschleißfestigkeit durch Verwendung einer Kupfer-Silber-Legierung als Fahrdraht.

Im Neuzustand kann die Re 250 mit 720 Ampere und bei 20 Prozent Abnutzung noch mit 670 Ampere dauernd belastet werden. Bei einer Fahrdrahtspannung von 15 Kilovolt entspricht das der geforderten Übertragungsleistung von 10 bis 11 Megawatt.

Die sichere, das heißt unterbrechungsfreie Energieübertragung wird in Verbindung mit flexiblen Stromabnehmern (Bauart DSA) sowohl durch geringe Elastizitätsunterschiede zwischen den Stützpunkten und freien Längsspannweiten bei einer insgesamt geringen Elastizität als auch durch eine konstante Fahrdrahthöhe von 5,30 Metern erreicht.

Diese der Re 250 eigenen Elastizitätseigenschaften werden durch folgende Maßnahmen erreicht:

▷ Verringerung der Längsspannweite von bisher 80 auf maximal 65 Meter zur Verringerung der Elastizitätsunterschiede,

Bild 21: Die Oberleitungen der Neubaustrecken werden im Interesse einer größeren Betriebssicherheit grundsätzlich, auch im Bahnhofsbereich, an Einzelstützpunkten aufgehängt. Als Maste dienen in der Regel vorgespannte Schleuderbetonmaste.

▷ Erhöhung der Zugkraft im Fahrdraht und im Längsseil von 10 auf 15 Kilonewton (KN) unter gleichzeitiger Optimierung der Kräfte und Längen in den Y-Beiseilen.

Weiterhin wurde die Nachspannlänge von 1500 auf maximal 1200 Meter verkürzt, und zur Vermeidung von Stromabnehmer-„Entgleisungen" ist der Zick-Zack-Längsverlauf von ±40 auf ±30 Zentimeter verringert worden.

Betriebsführung auf den neuen Strecken

Die Betriebsführung der Neubaustrecken (Tafel 10) wird bestimmt durch das Signalsystem mit Linienzugbeeinflussung, die Art und Lage der Bahnhöfe, die Überleitstellen für den Gleiswechselbetrieb, die möglichen Netzverknüpfungen sowie durch die Betriebsleittechnik.

Signalsystem und Linienzugbeeinflussung

Gegenwärtig ist das Hauptstreckennetz der Deutschen Bundesbahn zu fast 80 Prozent mit einer vollelektrischen Signaltechnik des Haupt-Vorsignalsystems ausgestattet. Außerdem ist heute für die mit Tempo 200 verkehrenden IC-Züge auf fast 400 Kilometern die sogenannte Linienzugbeeinflussung, kurz LZB genannt, mit Führerstandsignalisierung eingerichtet.

Schon vor Jahrzehnten wurde die Forderung nach einer einfachen, für den Triebfahrzeugführer leicht erkennbaren Signalisierung erhoben. Den Zwang, diesen Weg rasch zu beschreiten, übte die Neubaustrecke Mannheim–Stuttgart aus. Der vor etwa 20 Jahren entwickelten Linienzugbeeinflussung fehlte jedoch bis Mitte der siebziger Jahre die Betriebsreife, erst dann konnte mit Einführung von Prozeßrechnern als Streckenzentralen ein Durchbruch erzielt werden.

Während heutzutage die Linienzugbeeinflussung nur ein ergänzendes Signalsystem für Schnellfahrten ist, das die ortsfesten Signale überlagert, soll die LZB künftig zum vorrangigen Signalisierungssystem werden. Da es auf den Neubaustrecken eine Leistungsfähigkeit auf hohem Niveau zu gewähren hat, kann bei ihm auf einen Teil der Lichtsignale verzichtet werden. Die neuen Strecken werden entgegen früheren Planungen mit den herkömmlichen Signalen und Geschwindigkeitsanzeigen ausgerüstet werden, wobei auch der bisher übliche Regelabstand zwischen Vor- und Hauptsignal beibehalten wird.

Das Basis-Signalsystem wird für die Neubaustrecken also nicht durch Signale repräsentiert, sondern durch die LZB mit Führerstandssignalisierung in der neuen Ausführung „LZB80". Sie weist im Unterschied zur bisherigen LZB einen Mikroprozessor auf, dessen Kern eine dreikanalige, zentrale Recheneinheit mit Schnittstellen zum Linienleiter, zur Indusi sowie zu fahrzeuginternen Geräten darstellt. Weiterhin sind Schnittstellen zur Funkübertragung und zu einem anderen punktförmigen Datenübertragungssystem vorhanden.

Im „LZB80"-Fahrzeuggerät wird eine auf Indusi-Information aufbauende zweite Überwachungsebene realisiert, wodurch auf einer nicht mit LZB ausgerüsteten Strecke oder bei einem LZB-Ausfall bis zu 160 km/h eine kontinuierliche Bremswegüberwachung gewährleistet ist.

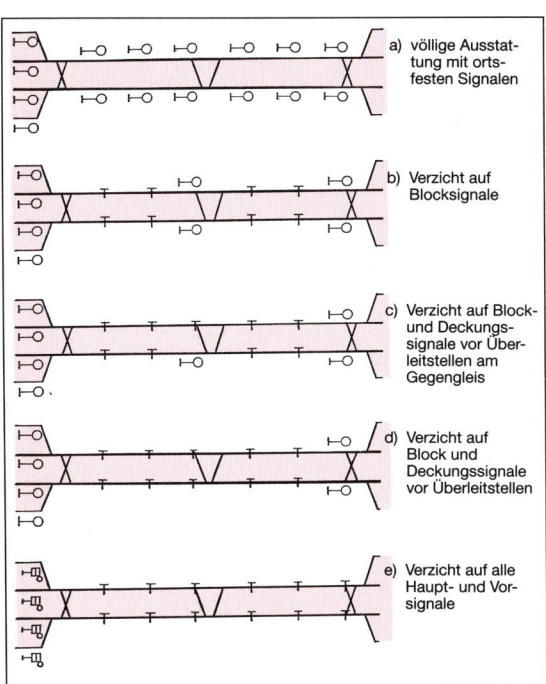

Bild 22: Signalisierungsvarianten; für die Anordnung der Blocksignale im Bereich der Betriebsbahnhöfe und Überleitstellen wurde die Variante b gewählt.

Da – wie erwähnt – der neuen LZB als Basissystem künftig der Vorrang gegenüber dem herkömmlichen Signalsystem eingeräumt wird, setzt dieses Vorhaben ihre hohe Verfügbarkeit voraus.

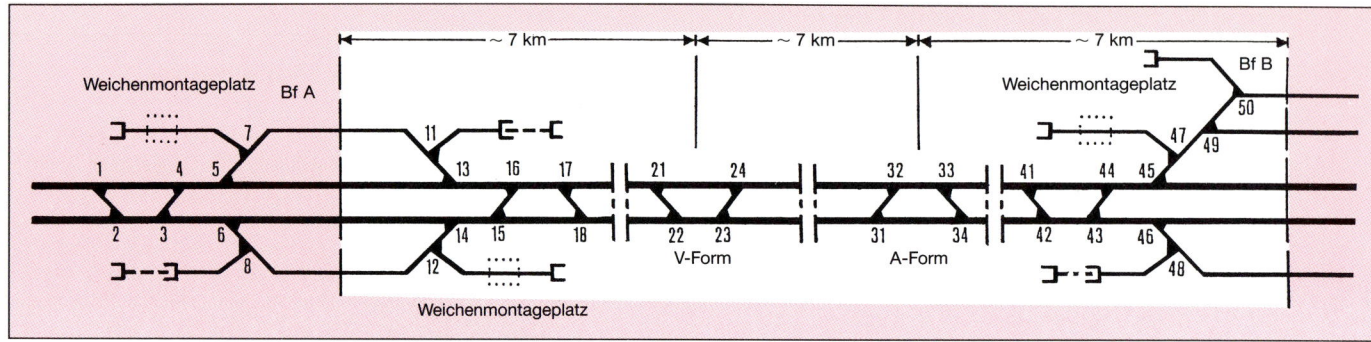

Bild 23: Prinzipskizze eines Neubaustreckenabschnittes

Deshalb werden unter anderem die jetzigen, etwa 12 Kilometer langen Linienleiterschleifen auf etwa 300 Meter lange Kurzschleifen reduziert, die bei einer Beschädigung ohne Geschwindigkeitsverminderung befahren werden können.

Aus dieser Tatsache eröffnet sich grundsätzlich die Möglichkeit, neben den konventionellen auch LZB-Blockabschnitte einzurichten, die als Teilabschnitte der konventionellen aufzufassen sind. Über die Art und Weise, wie dies realisiert werden soll, wurde über Jahre hinweg diskutiert. Schließlich wurde entschieden, daß an jeder Überleitstelle sowie bei der Ein- und Ausfahrt von Bahnhöfen Signale aufgestellt werden. Daraus ergeben sich etwa sieben Kilometer lange konventionelle Blockabschnitte, die jeweils in drei feste LZB-Blockabschnitte unterteilt sind (Bild 23).

Die ursprüngliche Absicht, auf Signale an den Überleitstellen der freien Strecke ganz zu verzichten (Bild 22e), hätte unter anderem zur Folge gehabt, daß diese Gleisverbindungen nicht von Zügen ohne betriebsbereite LZB hätten benutzt werden können. Außerdem stünde bei Sperrung eines Gleises für solche Züge das andere Gleis in Richtung und Gegenrichtung nur als eingleisige Strecke auf einer Länge von etwa 20 Kilometern zur Verfügung. Diese großen Nachteile entfallen bei dem nunmehrigen System (Bild 22b). Dies ist insofern von großer Bedeutung, als zunächst ein betriebliches Mischsystem vorgesehen ist, so daß für die nur 120 km/h schnellen Güterzüge keine LZB-Ausrüstung erforderlich wird.

Für die schnellen Reisezüge hingegen läßt sich durch die erwähnte weitere Unterteilung der konventionellen Blockabschnitte in LZB-Blockabschnitte eine erhöhte Leistungsfähigkeit erzielen, da sich bis zu zwei mit LZB ausgerüstete Züge in einem konventionellen Blockabschnitt befinden können (Bild 24).

Auf dem Wege zur Eisenbahn der Zukunft ist die Einführung der Führerraumsignalisierung (FRS) auf den Neubaustrecken und der teilweise Verzicht auf ortsfeste Signale nur ein Zwischenschritt. Mit der Einführung der „LZB 80" und der automatischen Fahr- und Bremssteuerung (AFB) stehen bereits Einrichtungen für einen vollautomatischen Betrieb zur Verfügung. Dies ist letztlich auch der Grund, weshalb die SK-Signalisierung nicht weiter verfolgt wurde. LZB mit FRS und AFB sind zukunftsorientierte Steuerungssysteme, mit dem im Raumabstand auf elektrische Sicht automatisch gefahren werden kann, wobei der Triebfahrzeugführer von der Beobachtung ortsfester Signale entbunden ist.

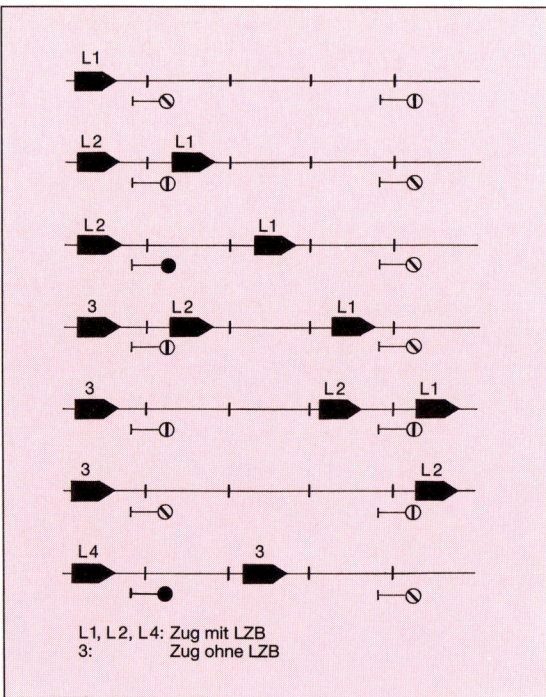

Bild 24: Folge von Zugfahrten mit und ohne Linienzugbeeinflussung (LZB)

L1, L2, L4: Zug mit LZB
3: Zug ohne LZB

Tafel 13: Die Bahnhöfe der Neubaustrecke Hannover–Würzburg

Lfd. Nr.	geplante Betriebsleit-zentralen	Bezeichnung des Bahnhofes	Lage (Bau-kilometer)[1]	Funktion Personen-bahnhof	Funktion Betriebs-bahnhof	Bemerkungen
1		Hannover	0,0	×		IC(E)-Haltebahnhof, Fernsteuer- und LZB-Rechnerzentrale
2		Hannover-Wülfel	8,0	×		
3		Escherde	25,3		×	
4	Nord	Almstedt	43,0		×	
5	(Hannover)	Orxhausen	62,2		×	Fernsteuer- und LZB-Rechnerzentrale, Serviceeinrichtungen
6		Nörten-Hardenberg	89,1	×		
7		Göttingen	99,4	×		IC(E)-Haltebahnhof, Fernsteuer- und LZB-Rechnerzentrale
8		Jühnde	112,0		×	
9		Ihringhausen	142,33	×		
10		Kassel-Wilhelmshöhe	151,11	×		IC(E)-Haltebahnhof, Fernsteuer- und LZB-Rechnerzentrale
11	Mitte	Körle	145,52		×	Serviceeinrichtungen
12	(Frankfurt)	Licherode	164,04		×	nur mit einem Überholgleis
13		Kirchheim-Nord	181,57		×	Fernsteuer- und LZB-Rechnerzentrale, Serviceeinrichtungen
14		Langenschwarz	199,99		×	
15		Fulda	219,62	×		IC(E)-Haltebahnhof, Fernsteuer- und LZB-Rechnerzentrale
16		Mottgers	249,62		×	
17	Süd	Burgsinn	267,43		×	Fernsteuer- und LZB-Rechnerzentrale, Serviceeinrichtung, Verknüpfungsbhf.
18	(Nürnberg)	Rohrbach	285,75		×	Verknüpfungsbhf.
19		Würzburg	310,64	×		IC(E)-Haltebahnhof, Fernsteuer- und LZB-Rechnerzentrale
		Summe		8	11	

[1] Angaben beziehen sich auf die Lage des Bahnhofsgebäudes beziehungsweise des Stellwerkes.
Näherungsweise Umrechnung von Bau- in Streckenkilometer (Genauigkeit ±0,100 Kilometer):
Nordabschnitt keine Umrechnung erforderlich,
Mittelabschnitt bis Oberzwehren (Kassel) −6,92 Kilometer, südlich davon +15,03 Kilometer,
Südabschnitt +16,68 Kilometer

Die Betriebsbahnhöfe der Neubaustrecken

Wie bereits ausgeführt wurde, dienen die Neubaustrecken sowohl dem schnellen Reisezugverkehr als auch dem durchgehenden Güterverkehr. Da sie nur verhältnismäßig wenige und somit weit voneinander entfernte Bahnhöfe an bestehenden Strecken berühren (zwischen Kassel und Fulda sind es etwa 80 Kilometer), reichen diese für Zugüberholungen keineswegs aus. Daher müssen vor allem in jenen Bereichen, in denen die Neubaustrecke auf längeren Abschnitten keine Bahnhöfe berührt, eigene Bahnhöfe errichtet

Tafel 14: Die Bahnhöfe der Neubaustrecke Mannheim–Stuttgart

Lfd. Nr.	geplante Betriebsleit-zentralen	Bezeichnung des Bahnhofes	Lage (Strecken-kilometer)[1]	Funktion Personen-bahnhof	Funktion Betriebs-bahnhof	Bemerkungen
1	Karlsruhe	Mannheim	0,0	×		IC(E)-Haltebahnhof
2		Hockenheim	21,2	×		Fernsteuer- und LZB-Rechnerzentrale, Serviceeinrichtungen
3		Kraichtal	55,3		×	
4	Stuttgart	Vaihingen (Enz)	78,2	×		Fernsteuer- und LZB-Rechnerzentrale

[1] Angaben entsprechend Tafel 13

Bild 25: Blick auf den nördlichen Bereich des Betriebsbahnhofes Mottgers und das im Bau befindliche Unterwerk

werden. Ihre Entfernung voneinander beziehungsweise zu einem bestehenden, ebenfalls für Zugüberholungen eingerichteten Bahnhof, beträgt etwa 20 Kilometer (Tafeln 13 und 14). Diese ursprünglich als Überholbahnhöfe bezeichneten Bahnhöfe dienen nicht dem Reiseverkehr, sondern sind in erster Linie für Zugüberholungen vorgesehen. Daneben stellen sie vielfach auch die Verbindung zum bestehenden Netz her und sind somit auch Netz-Überleitstellen, die insbesondere für Güterzüge von Bedeutung sind. Weiterhin sind Überholbahnhöfe meist auch Einspeisstellen für die elektrische Energie oder stellen Unterhaltungsstützpunkte dar (Bild 25).

In der Grundausstattung verfügen sie über zwei Überholgleise, die symmetrisch zu den beiden Hauptgleisen angeordnet sind und eine Nutzlänge von 750 Metern (Bild 23) aufweisen. Da ihre Neigung nicht mehr als 1,5 Promille betragen darf, ließen sich im Bereich der Mittelgebirge diese Bedingungen nur an Zwangspunkten erfüllen. An beiden Enden der Bahnhöfe sind Stumpfgleise mit Längen bis zu 110 Metern angeordnet, die jedoch nicht nur Schutzfunktionen zu erfüllen haben, sondern auch als Abstellgleise dienen. Die beiden Bahnhofsköpfe sind außerdem mit jeweils zwei einfachen Weichenverbindungen beziehungsweise Überleitstellen ausgerüstet.

Nur einige Betriebsbahnhöfe sind in erweiterter Form ausgeführt worden. Diese Bahnhöfe dienen, wie zum Beispiel in Orxhausen, der Streckenunterhaltung und sie verfügen daher über mehrere Abstellgleise. Auch jene Betriebsbahnhöfe, in denen die vorerwähnten Netz-Überleitstellen eingerichtet sind, sind in erweitertem Umfang ausgeführt. Dies betrifft allerdings nur die beiden Betriebsbahnhöfe Burgsinn und Rohrbach an der Neubaustrecke Hannover–Würzburg.

Verknüpfungsbahnhöfe

Neben den reinen Betriebsbahnhöfen im Bereich meist fern von bestehenden Strecken verlaufenden Trassen-Abschnitten sind auch bestehende Bahnhöfe in die Neubaustrecken eingebunden. Jedoch nur die drei an der Neubaustrecke Hannover–Würzburg gelegenen Bahnhöfe Göttingen, Kassel-Wilhelmshöhe und Fulda werden außer den Endbahnhöfen dem IC(E)-Verkehr dienen, und nur bei ihnen werden die Neubaustrecken-Gleise mit Bahnsteigen ausgerüstet.

Die nur bei der Neubaustrecke Hannover–Würzburg mögliche Einbeziehung bestehender Bahnhöfe erforderte verständlicherweise entsprechende Umbaumaßnahmen. Im wesentlichen sind zu nennen:

▷ Freimachen der Neubaustrecken-Trasse,
▷ Gleisverlegearbeiten entsprechend dem geänderten Spurplan,
▷ Umbau der Signalanlagen,
▷ Errichtung von Überwerfungsbauwerken,
▷ Errichtung neuer Bahnsteige, möglicherweise auch neuer Empfangsgebäude,
▷ Errichtung neuer Stellwerke.

Darüber hinaus waren auch bei den Bahnhöfen Rethen, Bovenden (beide im Nordabschnitt) und Burgsinn (Südabschnitt), in denen die Neubaustreckengleise ohne Verknüpfung durch den Bahnhof laufen, Umbauten erforderlich.

Die Neubaustrecke Mannheim–Stuttgart wird zwischen ihren Endbahnhöfen nur die beiden Verknüpfungsbahnhöfe Hockenheim und Vaihingen/Enz enthalten, die jedoch nicht dem IC(E)-Verkehr dienen werden. Anders als bei der Neubaustrecke Hannover–Würzburg sind diese beiden Bahnhöfe nicht aus Umbauten hervorgegangen. Der Bahnhof Hockenheim (Bild 26) wurde etwa 150 Meter westlich des alten Bahnhofs errichtet, und der Bahnhof Vaihingen/Enz entsteht auf der grünen Wiese.

Überleitstellen und Netzverknüpfungen

Wie schon angedeutet, sind sowohl im Bereich der Bahnhöfe als auch auf freier Strecke jeweils im Abstand von rund sieben Kilometern Überleitstellen vorgesehen, die signalmäßig gesichert werden. Die Möglichkeit zum Befahren der beiden Streckengleise in jeder Richtung, also der

Bild 26: Verknüpfungsbahnhof Hockenheim

Gleiswechselbetrieb, wird somit nicht nur vom Fahrzeug her, sondern auch signaltechnisch möglich sein. Bei fliegenden Überholungen wird der langsamere Zug auf ein Gegengleis geleitet werden, für das eine Höchstgeschwindigkeit von 160 km/h vorgesehen ist. Einen schematischen Überblick über die Anzahl und Lage der Überleitstellen beider Neubaustrecken geben die Tafeln 15 und 16.

Wie schon erwähnt, sollen die Neubaustrecken nicht nur Linienverbesserungen darstellen, sondern vor allem auch eine Verbesserung der Leistungsfähigkeit des Gesamtnetzes bewirken. Dies erfordert eine ausreichende Anzahl von Netzverknüpfungen zwischen alten und neuen Strecken. Sie bestehen zum einen in den Verknüpfungsbahnhöfen und zum anderen auf freier Strecke (z. B. bei Sorsum südlich Hildesheim). Im einzelnen ist die Anzahl und Lage der Netzverknüpfungsstellen aus den Tafeln 17 und 18 ersichtlich.

Betriebsleit- und Fernsteuerzentralen

In Anbetracht des auf den Neubaustrecken vorgesehenen Mischbetriebes und der häufigen Überleitmöglichkeiten und Netzverknüpfungen wird eine Regelung des Zugverkehrs nur durch gezielte Dispositionen möglich sein. Diese Aufgaben werden die Betriebsleitzentralen (BLZ) übernehmen; als übergeordnete Stellen sind sie in der Lage, die Abweichungen vom planmäßigen Betrieb so gering wie möglich zu halten.

Für die Neubaustrecke Hannover–Würzburg sind folgende Betriebsleitzentralen vorgesehen:

Betriebsleitzentrale Nord mit Sitz in Hannover wird für den 112 Kilometer langen Abschnitt Hannover bis Jühnde zuständig sein.

Betriebsleitzentrale Mitte mit Sitz in Frankfurt wird den 150 Kilometer langen Abschnitt Jühnde–Mottgers überwachen.

Betriebsleitzentrale Süd mit Sitz in Nürnberg wird den 65 Kilometer langen Abschnitt Mottgers bis Würzburg zu betreuen haben.

Die Neubaustrecke München–Stuttgart erhält folgende Betriebsleitzentralen:

Betriebsleitzentrale Nord mit Sitz in Karlsruhe wird den Abschnitt von Mannheim bis kurz vor Vaihingen überwachen.

Betriebsleitzentrale Süd mit Sitz in Stuttgart wird schließlich den restlichen Streckenabschnitt bis Stuttgart überwachen.

Tafel 15: Die Überleitstellen auf freier Strecke bei der Neubaustrecke Hannover–Würzburg

Lfd. Nr.	Abschnitt	Bezeichnung der Überleitstelle	Lage (Baukilometer)	Bemerkungen zur Lage
1	Nord	Ritterkamp	13,4	
2		Giften	18,1	
3		Diekholzen	34,4	
4		Netze	48,2	
5		Gehrenrode	54,7	
6		Ahlshausen	68,9	
7		Sudheim	82,2	
8		Mengershausen	106,5	
9		Lippoldshausen	119,7	
10		Kattenbühl	124,2	Tunnellage
11		Lutterberg	130,0	Tunnellage
12	Mitte	Keilsberg	156,6	
13		Schwarzenbach	141,0	
14		Kaiserau	151,9	Tunnellage
15		Wildsberg	157,1	Tunnellage
16		Licherode	164,0	
17		Ersrode	168,8	
18		Mühlbach	174,5	
19		Hattenbach	187,2	Tunnellage
20		Richthof	193,1	
21		Michelsrombach	206,9	
22		Dietershan	213,2	Tunnellage
23	Süd	Hartberg	229,3	
24		Landrücken Nord	235,5	Tunnellage
25		Landrücken Süd	241,5	Tunnellage
26		Altengronauer Forst	254,0	teils im Tunnel
27		Dittenbrunn Süd	261,2	
28		Mühlberg	276,6	Tunnellage
29		Hohe Wart	293,2	
30		Espenloh	299,6	Tunnellage
31		Neuberg	304,3	teils im Tunnel

Tafel 16: Überleitstellen auf freier Strecke bei der Neubaustrecke Mannheim–Stuttgart

Lfd. Nr.	Bezeichnung der Überleitstelle	Lage (Streckenkilometer)	Bemerkungen zur Lage
1	Pfingstberg	5,1	
2	Brühler Weg	11,4	
3	Oberhausen	27,7	
4	Lußhardt	34,7	
5	Forst	40,5	
6	Eisenhut	47,4	Tunnellage
7	Freudenstein	62,5	Tunnellage
8	Schützingen	69,5	
9	Enztal	83,5	
10	Glems	89,0	
11	Langes Feld	96,0	Tunnellage

Tafel 17: Die Netzverknüpfungen der Neubaustrecke Hannover–Würzburg

Lfd. Nr.	geplante Betriebsleitzentralen	Bezeichnung der Netzverknüpfung	Lage Baukilometer	Lage Bahnhof[1]	Lage freie Strecke	Art der Verknüpfung
1	Nord (Hannover)	Hannover-Wülfel	8,0	×		Nord-Süd-Strecke
2		Abzweigung Sorsum	29,5		×	Hannover–Hildesheim (KBS 265)[2]
3		Abzweigung Edesheim	77,3		×	Nord-Süd-Strecke
4		Nörten-Hardenberg	89,1	×		Nord-Süd-Strecke
5		Göttingen	99,4	×		Nord-Süd-Strecke
6		Abzweigung Siekweg	101,9		×	Nord-Süd-Strecke
7	Mitte (Frankfurt)	Ihringhausen	143,0	×		Kassel-Eichenberg (KBS 250)
8		Kassel-Rangierbahnhof	148,2 148,8		×	Rangierbahnhof
9		Kassel-Wilhelmshöhe	151,3	×		mehrere, u.a. KBS 250, 340, 500, 520
10		Abzweigung Oberzwehren	154,7		×	Main-Weser-Bahn (KBS 250)
11		Fulda	219,6	×		Nord-Süd-Strecke
12		Abzweigung Bronnzell	223,2		×	Nord-Süd-Strecke
13	Süd (Nürnberg)	Burgsinn	267,3	×		Nord-Süd-Strecke
14		Rohrbach	285,7	×		Frankfurt–Würzburg (KBS 900)[3]
		Summe		8	6	

[1] In Bahnhofsbereichen sind oft mehrere Netzverknüpfungen vorhanden, die hier jedoch nur als jeweils eine Verknüpfung gewertet werden. Lageangaben daher wie bei Tafel 13
[2] Kursbuchstreckennummer
[3] in Planung

In den Zuständigkeitsbereich jeder Betriebsleitzentrale gehören jeweils ein oder mehrere Fernsteuerzentralen. Sie sind nicht nur Rechnerzentralen für die Betriebsleitzentralen, sondern von ihnen aus werden die Signale und Weichen der Neubaustrecken fernbedient werden. In einen Fernsteuerbereich können neben Neubaustrecken auch bestehende Streckenabschnitte eingebunden sein, wie dies etwa im Bereich Göttingen oder Fulda der Fall sein wird.

Für die Neubaustrecke Mannheim–Stuttgart sind Fernsteuerzentralen in Hockenheim und Vaihingen/Enz und für die Neubaustrecke Hannover–Würzburg in Hannover-Wülfel, Orxhausen, Göttingen, Kassel-Wilhelmshöhe, Kirchheim-Nord, Fulda und Burgsinn vorgesehen.

Lange Tunnel, schnelle Züge – wie sicher sind die neuen Strecken?

In §4 des Bundesbahngesetzes wird der Bahn unter anderem der Auftrag erteilt, ihren Betrieb

Tafel 18: Die Netzverknüpfungen der Neubaustrecke Mannheim–Stuttgart

Lfd. Nr.	geplante Betriebsleitzentralen	Bezeichnung der Netzverknüpfung	Lage Streckenkilometer	Lage Bahnhof[1]	Lage freie Strecke	Art der Verknüpfung
1	Karlsruhe	Hockenheim	21,2	×		Rheintalbahn (KBS 701)
2		Abzweigung Saalbach	31,8		×	Rheintalbahn (KBS 701)
3		Abzweigung Ubstadt-Weiher	45,3		×	bestehende Strecke Mannheim–Stuttgart (KBS 770)
4	Stuttgart	Vaihingen (Enz)	78,2	×		bestehende Strecke Mannheim–Stuttgart (KBS 770)
5		Abzweigung Langes Feld	96,0		×	Rangierbahnhof Kornwestheim
6		Abzweigung Stammheim	97,6 97,9		×	Ein-/Ausfädelung der Güterbahn von und nach Stuttgart-Untertürkheim
7		Abzweigung Stuttgart-Zuffenhausen	99,0		×	Ein-/Ausfädelung der bestehenden Strecke (KBS 770)
		Summe		2	5	

[1] Angaben entsprechend Tafel 13

sicher zu führen, das heißt Anlagen und Fahrzeuge in betriebssicherem Zustand zu erhalten.

Mit der Inbetriebnahme der neuen Strecken betritt die Bahn unter anderem wegen der hohen Reisegeschwindigkeiten von 250 km/h und des hohen Anteils an Tunneln (etwa 30 Prozent) teilweise Neuland. Diskussionen über Vorsorgemaßnahmen für Unfälle sind deshalb zu einem zentralen Thema geworden. Da schon frühzeitig Studien vergeben und Arbeitsgruppen gebildet wurden, konnten die Neubaustrecken bereits von vornherein mit einem ganzen Bündel von Einrichtungen und Maßnahmen für den Notfall ausgestattet werden. Insbesondere sind zu nennen:

▷ beidseitige Rettungswege entlang Strecken,
▷ Zuwegungen zu fast allen Tunneln,
▷ große Tunnelquerschnitte,
▷ Orientierungsbeleuchtung in den Tunneln,
▷ Fluchtwegkennzeichnung in den Tunneln,
▷ genaue Standortüberwachung aller Züge,
▷ Mindestlauffähigkeit der Fahrzeuge im Brandfall,
▷ Notbremsüberbrückung zum Halt außerhalb der Tunnel (Bild 27).

Bild 27: Die orangefarbenen Markierungen an den Kilometertafeln sagen dem Lokführer auf freier Strecke und auch im Tunnel, daß er an dieser Stelle im Falle einer Notbremsung die Bremswirkung unterbrechen muß, damit der Zug nicht im Tunnel stehen bleibt.

Darüber hinaus werden an die einzelnen Infrastrukturparameter der neuen Schienenwege einschließlich an die auf ihnen einzusetzenden Fahrzeuge höhere beziehungsweise andere Ansprüche als bisher gestellt. Im wesentlichen sind folgende Einrichtungen beziehungsweise Maßnahmen zu nennen:

▷ erhöhte Anforderungen an die Gleislage,
▷ wenig Weichen und damit wenig Fahrkantenunterbrechungen,
▷ keine Bahnübergänge,
▷ geringe Anzahl von Bahnhöfen,
▷ keine planmäßigen Rangierbewegungen in diesen Bahnhöfen,
▷ neueste Signaltechnik,
▷ weitgehend entmischter Zugverkehr.

Dadurch dürften Entgleisungen, Aufprall oder Zusammenstöße kaum mehr auftreten.

All diese vorbeugenden und ausmaßvermindernden Vorkehrungen können keine absolute

Tafel 19: Die großen Brücken im Nordabschnitt der Neubaustrecke Hannover–Würzburg[1]

Lfd. Nr.	Bezeichnung der Brücke	Lage (Baukilometer)	Höhe (m)	Länge (m)	Anzahl und Länge der Felder	Konstruktionsprinzip Einfeldträger	Konstruktionsprinzip Durchlaufträger	Bauzeit/ geplante Bauzeit	effektive beziehungsweise kalkulierte Kosten (Mio DM)
1	Brücke über die Landstraße L 485[2]	37,30– 37,45	16	135	6: 5 × 25 m 1 × 10 m	×		04.85–02.87	3,9
2	Kassemühle-Talbrücke	45,83– 46,32	28	690	23 × 30 m	×		03.86–07.88	25,6
3	Ohlenrode-Talbrücke	56,15– 57,12	27	968	22 × 44 m	×		03.86–05.88	27,0
4	Mahnmilch-Talbrücke	60,00– 60,38	15	200	8 × 25 m	×		03.87–12.88	7,0
5	Gande-Talbrücke	61,12– 61,52	36	396	9: 5 × 44 m 4 × 44 m		×	05.86–12.87	18,0
6	Aue-Talbrücke	64,34– 65,40	38	1056	24 × 44 m	×		07.84–12.86	31,0
7	Grundbach-Talbrücke	105,05–105,50	25	450	15 × 30 m	×		09.84–12.86	14,0
8	Werra-Talbrücke	120,48–120,90	59	415	5: 67,5–96,0 m		×	05.86–10.88	39,1
		Summe		4310				Summe	165,6

[1] Stand 1988   [2] eingleisige Überbauten

Tafel 20: Die Talbrücken im Mittelabschnitt der Neubaustrecke Hannover–Würzburg[1]

Lfd. Nr.	Bezeichnung der Brücke	Lage (Baukilometer)	Höhe (m)	Länge (m)	Anzahl und Länge der Felder	Konstruktionsprinzip			Bauzeit/ geplante Bauzeit	kalkulierte Kosten Mio DM
						Einfeld- träger	gekoppelte Einfeldträ- ger in Brückenmitte			
							A-Bock	Trennpfeiler		
1	Fulda-Talbrücke (Kragenhof, Stahl-Fachwerkbrücke)	140,04–140,29	30	249	3 × 58 m 1 × 75 m	×			03.86–08.88	14,2
2	Fulda-Talbrücke (Fuldabrück)	136,72–137,14	22	422	9 × 44–58 m	×			06.84–12.85	13,5
3	Schwarzenbach-Talbrücke	141,22–141,88	33	660	15 × 44 m	×			11.84–05.86	22,0
4	Trockene Mülmisch-Talbrücke	144,82–145,14	35	320	8 × 40 m	×			10.84–02.86	9,5
5	Mülmisch-Talbrücke	146,79–147,66	74	870	15 × 58 m		×		07.86–06.88	30,0
6	Breitenbach-Talbrücke[2]	148,19–148,63	48	440	10 × 44 m	×			05.85–12.86	14,4
7	Kehrenbach-Talbrücke	152,12–152,43	25	308	7 × 44 m	×			10.83–01.85	11,2
8	Pfieffe-Talbrücke	154,20–155,01	59	812	14 × 58 m		×		12.86–12.88	26,3
9	Fulda-Talbrücke (Morschen)	158,81–160,26	75	1450	25 × 58 m		×		02.85–01.89	61,4
10	Heidelbach-Talbrücke	163,28–163,67	32	390	13 × 30 m	×			09.84–08.86	12,2
11	Geisbach-Talbrücke	177,08–177,47	35	396	9 × 44 m	×			04.85–12.86	13,5
12	Erzebach-Talbrücke	177,54–177,85	23	308	7 × 44 m	×			04.85–11.86	9,9
13	Eckerterode-Talbrücke	179,09–179,17	17	75	3 × 25 m	×			03.85–08.86	2,5
14	Wälsebach-Talbrücke (mit 4 Bögen)	183,27–183,99	40	721	3 × 27,9 m 25 × 25,5 m	×			06.85–02.88	31,4
15	Aula-Talbrücke[2]	188,04–188,92	45	880	20 × 44 m	×			04.85–02.88	33,3
16	Hattenbach-Talbrücke	189,48–189,79	28	308	7 × 44 m	×			04.85–08.86	9,9
17	Fulda-Talbrücke (Solms)	191,23–192,86	29	1628	37 × 44 m	×			09.84–04.88	52,0
18	Schwarzbach-Talbrücke	196,86–197,61	51	748	17 × 44 m			×	11.83–12.86	33,4
19	Rombach-Talbrücke	203,57–204,56	95	986	17 × 58 m		×		09.83–08.86	39,2
20	Fliede-Talbrücke	225,29–225,53	18	240	6 × 40 m	×			05.83–11.84	8,2
21	Nördliche Fliede-Talbrücke	227,64–228,52	25	880	20 × 44 m	×			08.82–03.85	21,6
22	Südliche Fliede-Talbrücke	228,66–229,29	28	628	12 × 44 m 2 × 50 m	×			10.82–02.85	17,0
				Summe 13719					Summe	486,6

[1] Stand 1988   [2] Mit verstärkten Pfeilern

Bauwerke der neuen Strecken

Die Trassen der neuen Fahrwege können sich wegen ihrer weiten Krümmungen und flachen Steigungen nur schwer den gegebenen Geländeformen anpassen. Dadurch ergibt sich für die Neubaustrecken ein weitaus höherer Anteil an Kunstbauten, das heißt an Brücken und Tunneln, als dies bei bestehenden Strecken der Fall ist. Aus Tafel 11 läßt sich leicht errechnen, daß die Gesamtlänge der Brücken 5 (Mannheim–Stuttgart) beziehungsweise 9 (Hannover–Würzburg) Prozent der jeweiligen Streckenlänge beträgt. Der prozentuale Tunnelanteil beläuft sich sogar auf 33 beziehungsweise 37 Prozent. Die Kunstbauten haben somit einen Anteil von 38 Prozent (Strecke Mannheim–Stuttgart) beziehungsweise 46 Prozent (Strecke Hannover–Würzburg) an der jeweiligen Streckenlänge. Zahlenmäßig umfassen die beiden Strecken insgesamt 76 Tunnel und 384 Brücken. Unter letzteren befinden sich 49 große Talbrücken und neun aufgeständerte Fahrbahnen (Tafel 11, Seite 27). An weiteren größeren Bauwerken sind mehrere Kreuzungsbauwerke zu nennen, die teilweise in Tunnelbauweise ausgeführt sind (Tafeln 23 u. 24, Seiten 50 u. 51).

Die Bauwerke der neuen Strecken beschränken sich keineswegs nur auf die augenfälligen Kunstbauten. In gleicher Weise zählen dazu auch Erdbauwerke wie Dämme und Einschnitte bis zu 40 Meter Höhe beziehungsweise Tiefe. Ihr prozentualer Anteil an der jeweiligen Streckenlänge beträgt 50 Prozent (Strecke Hannover–Würzburg) und 60 Prozent. Nachdem sie, wie schon

Sicherheit schaffen. Das gilt um so mehr, als Anschläge oder Vandalismus nie ganz auszuschließen sind.

*Tafel 21: Die großen Brücken im Südabschnitt der Neubaustrecke Hannover–Würzburg**

Lfd. Nr.	Bezeichnung der Brücke	Lage (Baukilometer)	Höhe (m)	Länge[3] (m)	Anzahl und Länge der Felder	Konstruktionsprinzip Einfeldträger	Konstruktionsprinzip Durchlaufträger	Anzahl der Durchlaufträgerabschnitte	Bauzeit	Kosten (Mio DM)
1	Kalbach-Talbrücke	234,13–234,49	33	364	8 × 45,3 m	×			12.82–12.84	12,0
2	Sinntalbrücke Mottgers	245,50–245,93	10	427	17 × 25 m	×			12.81–11.83	9,5
3	Sinntalbrücke Zeitlofs	250,67–251,38	32	706	16 × 44 m		×	1 Abschnitt	12.81–04.84	21,0
4	Hangbrücke Dittenbrunn	255,18–255,58	24	398	9 × 44 m	×			11.81–02.84	17,0
5	Obersinn-Talbrücke	256,84–257,02	24	178	4 × 44 m	×			04.81–02.83	5,7
6	Mittelsinn-Talbrücke	258,22–258,37	22	152	5 × 30 m	×			07.81–03.83	5,3
7	Sinntalbrücke Schaippach	272,30–272,75	23	442	10 × 31–51,5 m	×			11.80–10.83	13,8
8	Maintalbrücke Gemünden	274,38–275,17	27	799	9 × 52–55 m 2 × 82 m 1 × 135 m		×	4 Abschnitte	04.82–09.84	27,2
9	Bartelsgraben-Talbrücke[2]	295,06–296,23	55	1166	20 × 58 m		×	4 Abschnitte	01.84–03.86	33,5
10	Leinachtalbrücke	296,60–297,85	33	1248	28 × 44 m	×			03.84–03.86	29,5
11	Bärntalbrücke	302,27–302,34	11	71	1 × 21 m 1 × 25 m 1 × 21 m		×	1 Abschnitt	04.84–06.85	2,3
12	Maintalbrücke Veitshöchheim	304,55–305,84	32	1290	21 × 40–62 m 1 × 162 m 1 × 17 m		×	5 Abschnitte	02.85–08.87	40,0
13	Dürrbach-Talbrücke	308,12–308,25	10	128	4 × 28–36 m		×	1 Abschnitt	04.85–10.86	3,4
14	Überwerfungsbauwerk	308,92–309,49	5	576	1 × 54,4 m 1 × 56,7 m 1 × 39,9 m		×		09.84–06.87	25,4
			Summe	7945					Summe	228,6

[1] Stand 1988 [2] Mit Festpfeilergruppe [3] Summe der Längen aller Überbauten und Trennfugen

Tafel 22: Die Talbrücken der Neubaustrecke Mannheim–Stuttgart[1]

Lfd. Nr.	Bezeichnung der Brücke	Lage (Streckenkilometer)	Länge (m)	Höhe (m)	Anzahl und Länge der Überbauten	statisches System Einfeldträger	statisches System Durchlaufträger	Bauzeit/ geplante Bauzeit	kalkulierte Kosten (Mio DM)
1	Containerbrücke Mannheim (aufgeständerte Fahrbahn)	2,00–3,10	1100	11	44 × 25 m	×		76–78	20,0
2	Oberbruch-Talbrücke	49,11–49,46	264	29	6 × 44 m	×		07.84–03.87	9,0
3	Frauenwald-Talbrücke	52,20–52,90	704	35	16 × 44 m	×		12.83–11.86	19,0
4	Bauerbach-Talbrücke	56,39–57,14	748	45	17 × 44 m	×		03.84–03.86	22,0
5	Zigeunergraben-Talbrücke	59,22–59,88	660	31	15 × 44 m	×	×	07.84–07.87	16,5
6	Enztal-Talbrücke[2]	82,05–83,10	1044	47	18 × 58 m		×	86–89	28,4
7	Glemstal-Talbrücke	87,82–88,17	348	54	6 × 58 m	×		06.85–03.87	12,5
		Summe	3768					Summe	127,4

[1] Stand 1988 [2] 3 Durchlaufträgerabschnitte mit Festpfeilergruppe

erwähnt, vielfältige Möglichkeiten zur Durchführung von Ausgleichsmaßnahmen bieten, werden sie in einigen Jahren wertvolle Biotope abgeben. Die neuen Strecken erfordern weiterhin auch eine Reihe von Hochbauten. Neben Stell- oder Unterwerksgebäuden, die ebenfalls Typenentwürfen entsprechen, sind auch einige Bahnhofsgebäude zu erstellen. Teils sind sie mit Stellwerksgebäuden kombiniert, teils sind sie, sofern ihnen eine herausragende Stellung zukommt, nach Einzelentwürfen gestaltet. Beispiele dafür sind die Bahnhöfe Kassel-Wilhelmshöhe, Hockenheim oder Vaihingen/Enz.

Die vielen und teils sehr langen Kunstbauten, welche die neuen Hochgeschwindigkeitsstrecken zum Ausgleich von Tälern und Höhenrücken erfordern, haben dem Brücken- und Tunnelbau eine neue Dimension gegeben. Nachstehend wird daher näher auf diese Bauwerke eingegangen.

Talbrücken
und aufgeständerte Fahrbahnen

Gestalt, Größe und Konstruktionsprobleme

Mit dem Bau der meist langen und vielfach auch hohen Talbrücken betrat die Deutsche Bundesbahn in konstruktiver Hinsicht teilweise Neuland. Bestimmend für die Gestaltung der großen Talbrücken und ebenso auch für die der sogenannten aufgeständerten Fahrbahnen waren zunächst statische Gesetze und bautechnische Gegebenheiten. Daneben waren noch Belange des Eisenbahnoberbaues, der Betriebsführung oder Fragen nach der landschaftlichen Eingliederung zu berücksichtigen.

All diesen Anforderungen wurden Überbauten aus einzelligen Spannbeton-Hohlkästen gerecht (Bild 28), deren Stege unter den Gleisen angeordnet sind. Nur die beiden Brücken über die Werra und Fulda haben Überbauten aus Stahl- beziehungsweise Stahlfachwerkträgern (Bild 60, Seite 78 und 61, Seite 79). Die darüberliegende Fahrbahnplatte erhält dadurch weit ausladende Kragarme. Damit beinhaltet das Tragwerk günstige Voraussetzungen für eine ansprechende Formgebung. Zur Abstützung dienen Betonpfeiler mit Hohlquerschnitten, die abgeschrägte Kanten und gegebenenfalls auch Profilierungen aufweisen. Nach oben zu sind sie leicht verjüngt (Bild 29).

Die Regelstützweiten (Rastermaße) der Überbauten betragen 44 oder 58 Meter bei Talbrücken und 25 Meter bei aufgeständerten Fahrbahnen.

Die Einzellängen der Talbrücken erreichen bis zu 1628 Meter (Fulda-Talbrücke bei Solms) und Höhen bis nahezu 100 Meter (Rombach-Talbrücke). Dennoch übertreffen die Neubaustrecken-Brücken die alten deutschen Eisenbahnbrücken weder an Länge noch an Höhe. Die beiden längsten deutschen Eisenbahnbrücken sind also nach wie vor die 2454 Meter lange Hochbrücke über den Nord-Ostsee-Kanal bei Rendsburg (KBS 131, 132) und die 2096 Meter lange Brücke bei Hochdom (KBS 120). Die höchste deutsche Eisenbahnbrücke bleibt ebenfalls die Müngstener Brücke (KBS 410) mit 107 Metern.

Bild 28: Schalung für den zweigleisigen Überbau einer Talbrücke

Dieser Vergleich soll jedoch nicht darüber hinwegtäuschen, daß die Notwendigkeit, auf den Neubaustrecken Hochgeschwindigkeitszüge verkehren zu lassen, bisher kaum gekannte Anforderungen an den Brückenbau stellte. Die Talbrücken erlangten Abmessungen, die Konzeption und Ausführung vor neue Aufgaben stellte. Die Gesamtheit der hierbei aufgetretenen Fragen hat daher zu sehr umfangreichen Forschungsaktivitäten geführt.

So sind beispielsweise die kilometerlangen Überbauten temperaturbedingten Dehnungen im Dezimeterbereich ausgesetzt. Auf solch langen Eisenbahn-Tragwerken treten zusätzlich beim Bremsen oder Beschleunigen schwerer Züge erhebliche Horizontalkräfte – bis zu 25 Prozent der Vertikalkräfte – auf. Diese horizontalen Kräfte sind verstärkt bei den Hochgeschwindigkeitsbrücken zu berücksichtigen. Ihre Größe und Ableitung hat zur Folge, daß Pfeiler bei mehr als 30 Meter Höhe kaum noch in der Lage sind, diese Kräfte ohne größere Verformungen abzutragen.

Rahmenplanung

Im Gegensatz zu den Tunnelbauwerken weisen Brücken den Vorteil auf, daß sich die Kräfte und Spannungsverhältnisse genauer erfassen lassen, so daß auch die einzelnen Brückenelemente weitgehend standardisierbar sind. Mit dem Ziel, systematisch Konstruktionsverbesserungen zu erlangen, hat die DB Ende der sechziger Jahre Richtzeichnungen eingeführt. Mit dem Ordnungsprinzip der Planungs-, Konstruktions-, Element- und Detailzeichnungen entstand so die Rahmenplanung. In ihr sind alle erforderlichen Angaben für Bau, Betrieb und Wartung der Brücken festgelegt. Sie bildet somit die Voraussetzung für ein wirtschaftliches Planen und Bauen der Brücken.

Mit der Rahmenplanung, die durch die während der Bauzeit gewonnenen Erkenntnisse fortgeschrieben wurde, ist ein Instrumentarium geschaffen worden, das Erfahrungen zur Qualitätssteigerung der Eisenbahn-Spannbetonbrücken weitergeben kann.

Der planende Ingenieur hat sie daher als Vorgabe zu beachten. Sie gibt ihm allerdings nur konstruktive Anhaltswerte vor, so daß die spezifischen Probleme der einzelnen Brücken, die sich

Bild 29: Überbauherstellung der Zigeunergraben-Talbrücke im Taktverfahren

Bild 30: Blick aus dem eingerüsteten Nordportal des Hainbuch-Tunnels zur Breitenbach-Talbrücke

zum Beispiel aus den Gründungsverhältnissen, den topographischen Gegebenheiten oder aus gestalterischen Gründen ergeben, in jedem Einzelfall statistisch-konstruktiv bearbeitet werden müssen.

Tragsysteme der Überbauten

Tragsysteme mit Einfeldträgern

Als Trag- beziehungsweise statisches System ist gemäß der Rahmenplanung das mehrteilige Tragwerk aus hintereinander angeordneten Einfeldträgern zu bevorzugen. Diese reichen von Pfeiler zu Pfeiler, besitzen die geforderten einfachen Konstruktionsmerkmale und sind gegenüber unterschiedlichen Setzungen wenig anfällig. Weiterhin können die Schienen durchgehend geschweißt werden, und im Schadensfalle lassen sich einzelne Brückenfelder leicht auswechseln (Bild 32a).

Der Nordabschnitt der Neubaustrecke Hannover–Würzburg weist ein besonderes Tragsystem aus Einfeldträgern auf, die sogenannte *aufgeständerte Fahrbahn* (Tafel 23 und Bild 31).

Diese nach der Rahmenplanung vorgesehene Brückenform zeichnet sich durch folgende Eigenschaften aus:
▷ geringe Gesamthöhe (etwa 10 Meter),
▷ niedrige Pfeiler (maximal 5 bis 7 Meter hoch),
▷ eingleisige, einzellige Einfeldüberbauten mit 25 Meter Regelstützweite.

Soweit es die Lärmsituation erfordert, sind – ähnlich wie bei Talbrücken – die Überbauten mit Schallschutzwänden ausgerüstet.

Die Gründe für diese, vor allem in der Ebene angewandten Bauweise sind vielfältig. Wichtige Gesichtspunkte und bevorzugte Anwendungsbereiche sind:
▷ kreuzungsfreie Überquerung von Verkehrswegen in Städten,
▷ Überquerung von Überschwemmungsgebieten, Flußniederungen oder flachen Gewässern,
▷ Forderungen nach kreuzungsfreier Ein- und Ausfädelung von Strecken,
▷ höhere Transparenz bei sonst erforderlichen Dammschüttungen und dadurch bessere Einbindung der Strecke in die Landschaft.

Bemerkenswert in diesem Zusammenhang ist, daß an-

Bild 31: Aufständerung der neuen Riedbahnstrecke in Mannheim

dere Bahnverwaltungen in gleichen Planungssituationen ebenfalls Aufständerungen gebaut haben. Bekanntes Beispiel ist die 5375 Meter lange Aufständerung der Direttissima im Überschwemmungsgebiet von Paglia in Italien. Das Bauwerk hat 205 Felder von je 25 Meter Länge und fünf Bögen zu je 50 Meter.

Tragsysteme mit gekoppelten Einfeldträgern

Die an sich erwünschte Einfeldsystem-Bauweise ist jedoch aus konstruktiver und statischer Sicht nur bedingt anwendbar, da den bei der Längs-

Tafel 23: Aufständerungen (AS) und Kreuzungsbauwerke (KB) im Nordabschnitt der Neubaustrecke Hannover–Würzburg[3]

Lfd. Nr.	Bezeichnung des Bauwerkes	Lage (Baukilometer)	Länge (m)	Anzahl der Überbauten	Länge der Felder (m)	Bauzeit/ geplante Bauzeit	effektive beziehungsweise kalkulierte Kosten
1	AS/KB Hannover–Wülfel	7,07– 8,34	850[1]	39	22–29 (eingleisig)	07.75–05.78	8,75
2	AS/KB Rethen	12,19–13,01	575[2]	46	23 × 25 m	11.77–07.86	16,67
3	AS Heisede	15,24–15,32	76	6	3 × 25 m	04.86–12.87	2,20
4	AS Innerste, K514 (K11)	15,71–16,25	540	42	2 × 32 m 19 × 25 m	04.86–12.87	12,70
5	AS K515	16,63–16,91	290	22	2 × 32 m 9 × 25 m	04.86–12.87	7,80
6	AS Dicke Bast	17,62–17,70	76	6	3 × 25 m	04.86–12.87	2,20
7	AS Jeinser Weg (Giftener Seen)	19,69–19,95	262	22	10 × 25 m 1 × 12 m	04.86–12.87	10,10
8	KB Barnten	20,90–21,15	235	17 (8 W/H) (9 H/W)	25 und 32 m 18–32 m	05.86–09.87	ca. 6
9	KB Edesheim	74,50–75,00	500	40	20 × 25 m	04.86–12.87	ca. 12
10	AS Northeimer Seenplatte (Rhume-Brücke)	78,41–78,96	550	44	22 × 25 m	07.82–01.85	13,04
		Summe	3954			Summe	ca. 91,5

[1] Gesamtlänge des Bauwerkes 1269 m: Länge der AS 738 m, Länge des KB 112 m, Länge der Stützwandrampe 419 m
[2] Gesamtlänge des Bauwerkes 1025 m: Länge der AS 375 m, Länge des KB 200 m, Länge der Stützwandrampe 450 m
[3] Stand 1988

Tafel 24: Kreuzungsbauwerke im Mittelabschnitt der Neubaustrecke Hannover–Würzburg

Lfd. Nr.	Bezeichnung des Kreuzungsbauwerks		Lage (Baukilometer)	Länge (m)	Gestaltung des Bauwerkes	
					tunnelartig	Brücke
1	Kahnwiese	⎫	141,63–142,11	484	×	
2	Herleberg	⎪	144,20–144,35	154	×	
3	Nordendweg	⎬ Kassel	146,75–146,90	151	×	
4	Leuschnerstraße	⎪	153,80–154,04	235	×	
5	Oberzwehren	⎭	155,30–156,45	1147	×	
6	Nord	⎫	216,28–216,73	450	×	
7	Mitte	⎬ Fulda	221,98–222,10	117		3feldrig
8	Süd	⎭	224,87–224,98	113		5feldrig
			Summe	2851		

kraftabtragung durch die Überbauten auftretenden Verformungen Toleranzgrenzen gesetzt sind. So ist zum Beispiel bei hohen Pfeilern (ab 30 Meter) eine Längskraftabtragung über Einzelpfeiler mit einem wirtschaftlich vertretbaren Aufwand praktisch nicht mehr möglich. Dies hat für die Abtragung der Horizontalkräfte zur Erarbeitung weiterer statischer Systeme geführt. Dabei konnte nicht auf die im Straßenbau üblichen Überbauten zugrückgegriffen werden, da zum Beispiel einzelne Brückenabschnitte nicht austauschbar sind.

Kann eine Talbrücke als Einfeldträger-Kette die auftretenden Längskräfte nicht mehr abtragen, so sieht die Rahmenplanung Längskraft- und Kriechkoppelungen als mögliche Konstruktions-Varianten (Sonderkonstruktionen) vor. Damit werden beim gekoppelten System die Einfeldträger zug- und druckfest miteinander verbunden (Bild 32b).

Kriechkoppelungen (mit einem speziellen Elastomer oder als hydraulisches Element) übertragen nur kurzzeitig wirkende Kräfte aus Brems- oder Anfahrlasten, nicht jedoch langsame, temperaturbedingte Kraftwirkungen. Längskraftkoppelungen sind starre Verbindungselemente zwischen den Einfeldträgern, wodurch das gleiche System wie bei Durchlaufträgern entsteht.

Durchlaufträger-Tragsysteme

Diese Tragsysteme bieten sich für lange Brücken an, wobei bei voller Ausnützung der zulässigen Dehnlängen zusammenhängende Überbauten bis zu 940 Meter erstellt werden können. Bei solchen Durchlaufträgerbrücken lassen sich neben den Überbauten vor allem die Pfeiler zwischen 15 und 25 Prozent schlanker gestalten, so daß sie weniger massiv als Einfeldträgerbrücken wirken.

Da das Durchlaufträgersystem statisch unbestimmt und daher mit Tragsicherheitsreserven ausgestattet ist, läßt es weiterhin leicht Änderungen im Stützweitenraster zu. Dadurch erlaubt es einen gewissen Gestaltungsspielraum. Auf größere Setzungsunterschiede zwischen benachbarten Pfeilern reagiert es allerdings empfindlich (Bild 32c).

Um eine relativ einfache und schnelle Erneuerung der Überbauten im Schadensfalle zu ermöglichen, sollen Durchlaufträgerbrücken als einteiliges Tragwerk jedoch auf Längen bis maximal 440 Meter begrenzt werden. Eine Ausnahme bildet zum Beispiel die 706 Meter lange Sinntalbrücke Zeitlofs. Einteilige Tragwerke erhalten ihren Festpunkt zweckmäßigerweise an einem Widerlager, während der Schienenauszug über dem gegenüberliegenden angeordnet ist (Bilder 32c und 36).

Bei Brückenlängen zwischen 440 und 880 Meter bietet es sich an, das einteilige Tragwerk spiegelbildlich zu wiederholen. Der erforderliche Schienenauszug liegt jetzt über einem Trennpfeiler in Brückenmitte (Bild 33b).

Bei noch längeren Brücken können bis zu fünf Durchlaufträgerabschnitte erforderlich werden (zum Beispiel Maintalbrücke Veitshöchtheim und Gemünden, Bild 34). Die Schienenauszüge befinden sich in solchen Fällen über den beiden Widerlagern, unter Umständen auch noch über einem oder zwei Brems- beziehungsweise Trennpfeilern in Brückenmitte (vgl. Bild 33c).

Längskraftfluß bei Talbrücken

Die bei den Talbrücken der Neubaustrecken abzutragenden Längskräfte haben teilweise eine bisher unbekannte Größenordnung erreicht, so daß sie sehr wesentlich die zur Anwendung kom-

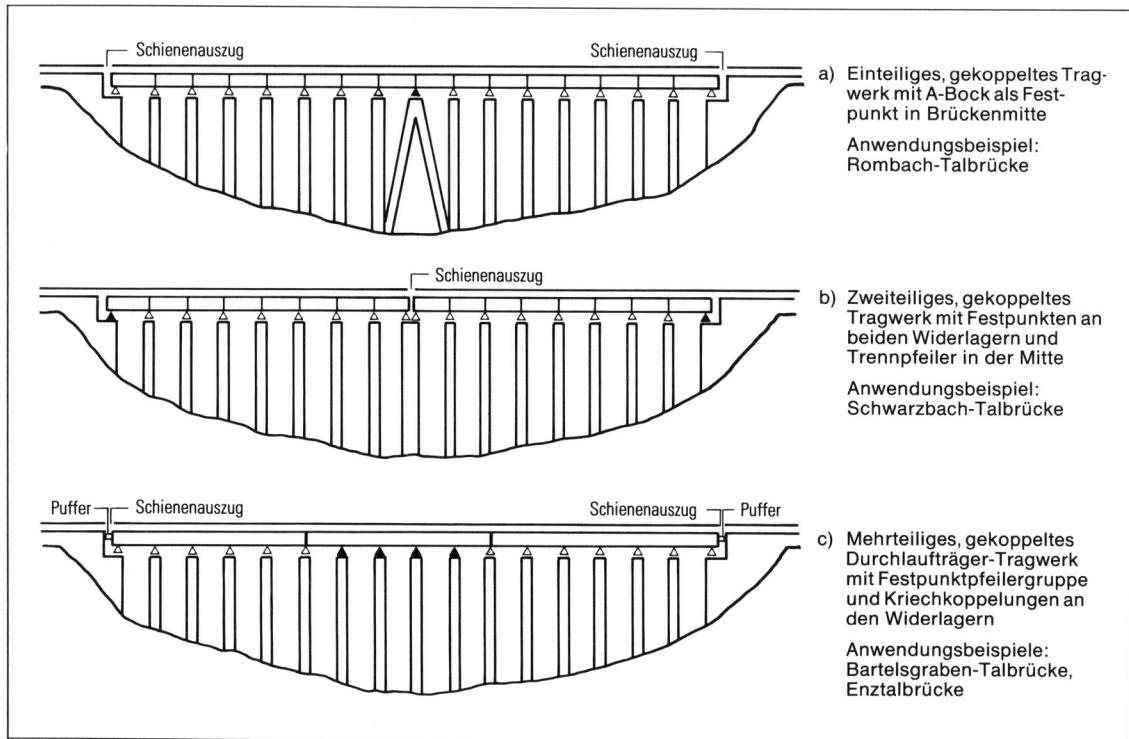

Bild 32: Statische Grundsysteme für die Überbauten von Talbrücken

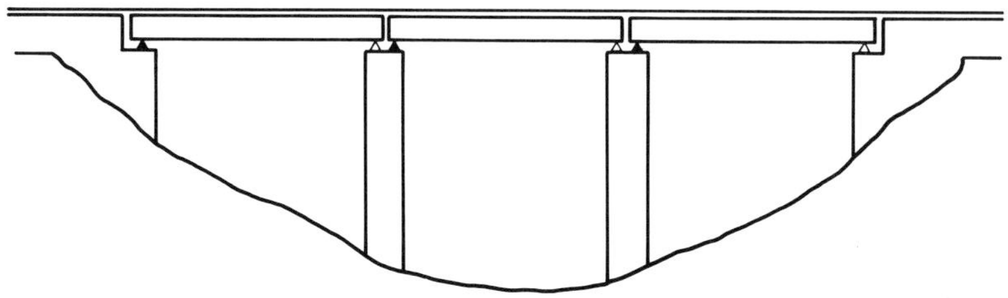

a) Einfeldträger-Tragwerk (Regelausführung gemäß der Rahmenplanung). Lagerung durchgehend fest-beweglich, kein Schienenauszug erforderlich

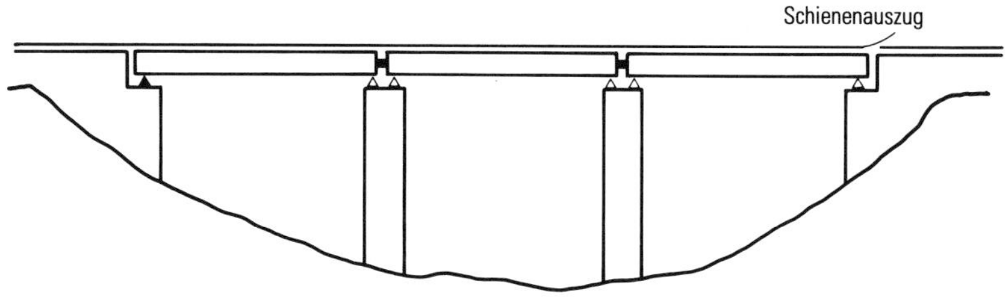

b) Gekoppeltes Einfeldträger-Tragwerk mit Festpunkt an einem Widerlager und Schienenauszug am anderen Widerlager oder über einem Trennpfeiler

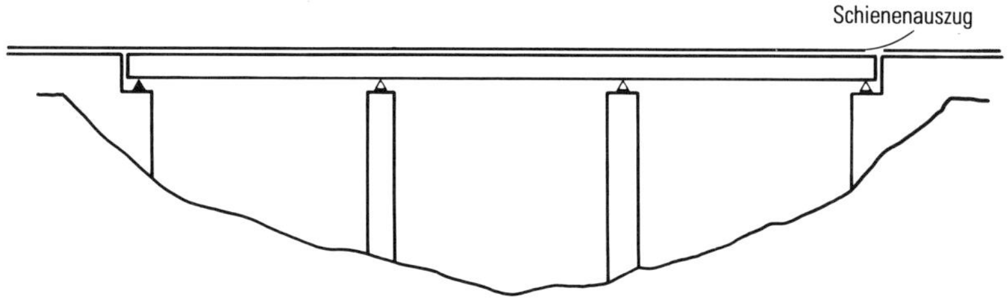

c) Durchlaufträger-Tragwerk. Festpunkt und Schienenauszug wie beim gekoppelten System

Bild 33: Systemvarianten bei Talbrücken unter Verwendung von gekoppelten Einfeldträgern (nur bei Brücken im Mittelabschnitt Hannover–Würzburg) und Durchlaufträgern

a) Einteiliges, gekoppeltes Tragwerk mit A-Bock als Festpunkt in Brückenmitte

Anwendungsbeispiel: Rombach-Talbrücke

b) Zweiteiliges, gekoppeltes Tragwerk mit Festpunkten an beiden Widerlagern und Trennpfeiler in der Mitte

Anwendungsbeispiel: Schwarzbach-Talbrücke

c) Mehrteiliges, gekoppeltes Durchlaufträger-Tragwerk mit Festpunktpfeilergruppe und Kriechkoppelungen an den Widerlagern

Anwendungsbeispiele: Bartelsgraben-Talbrücke, Enztalbrücke

52

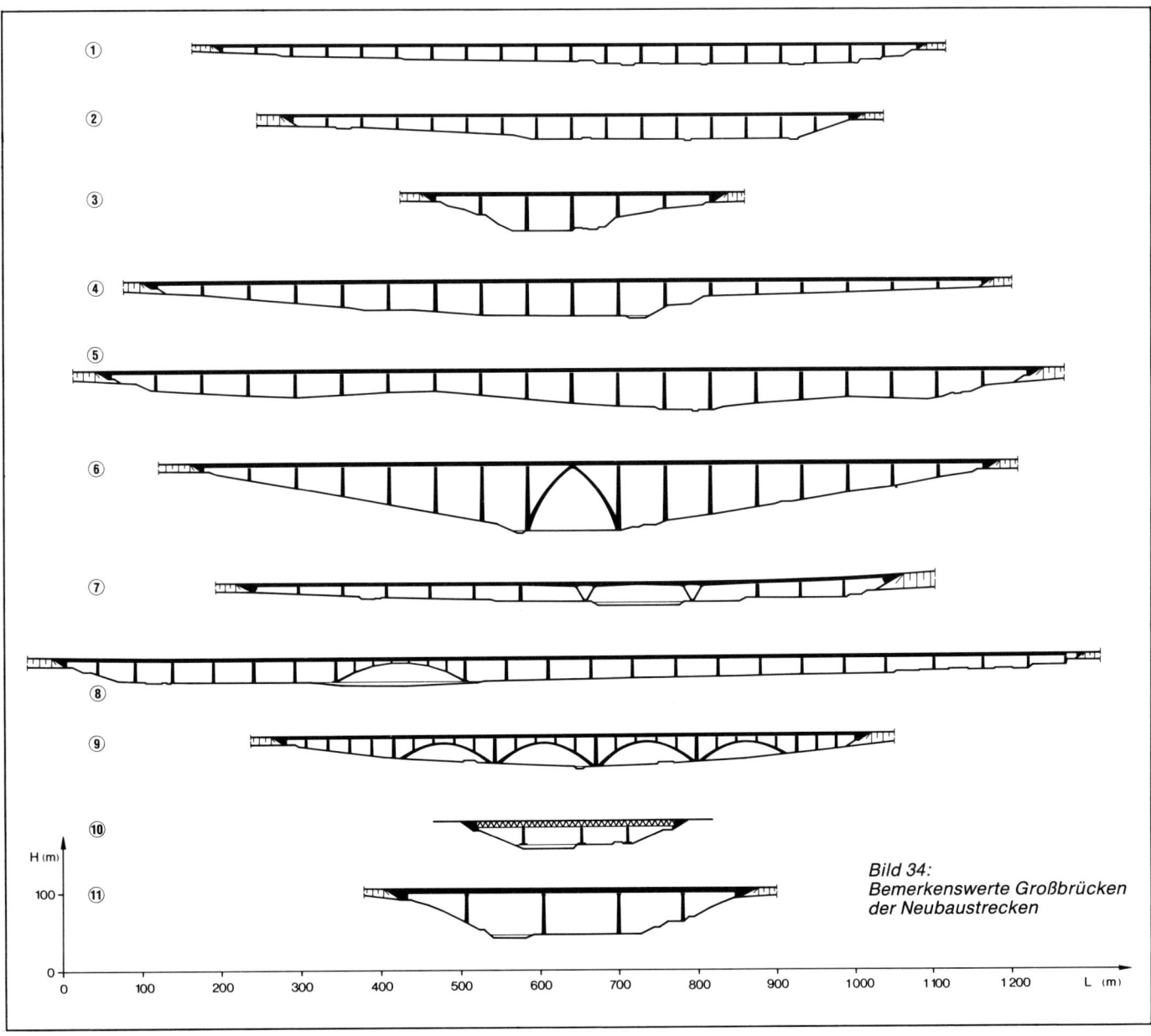

Bild 34: Bemerkenswerte Großbrücken der Neubaustrecken

① Nördliche Fliedetalbrücke: Einfeldträger ohne Längskraft-Koppelung mit der Gesamtlänge = 20 × 44,0 = 880 Meter, Bauverfahren: Vorschubgerüst (VSG), Oberbau: ohne Schienenauszug / ② Sinntalbrücke Zeitlofs: Fugenloser Durchlaufträger mit der Gesamtlänge = 16 × 44 = 704 Meter, Bauverfahren: Taktschieben ohne Hilfsstützen (TS), Festpunkt an einem Widerlager, Schienenauszug am anderen WL / ③ Glemstalbrücke: Einfeldträger ohne Längskraft-Koppelung mit der Gesamtlänge = 6 × 58 = 348 Meter, Bauverfahren: Gerüst, Schienenauszüge an den Widerlagern / ④ Enztalbrücke: 3 Durchlaufträger, gekoppelt, mit der Gesamtlänge = 3 × 6 × 58 = 1044 Meter, Taktschieben, Festlager an 5 Pfeilern und Hydro-Bremsdämpfer an den WLen, Schienenauszüge an den Widerlagern / ⑤ Brücke Bartelsgraben: 4 Durchlaufträger, gekoppelt, mit der Gesamtlänge = 4 × 5 × 58 = 1160 Meter, VSG, Lagerung analog Enztalbrücke / ⑥ Rombachtalbrücke: Gekoppelte Einfeldträger mit der Gesamtlänge = 17 × 58 = 986 Meter, A-Bock im freien Vorbau mit Hilfsabspannungen, Überbau mit VSG (Spannbeton), Festpunkt am A-Bock, Schienenauszüge an den Widerlagern / ⑦ Mainbrücke Gemünden: Vierteiliger Durchlaufträger mit Koppelungen, Gesamtlänge = (3 × 55,0) + (2 × 55,0 + 58,0) + (82,0 + 135,0 + 82,0) + (3 × 55,0) = 797 Meter, Hauptbrücke (Rahmen mit Voutenträger) im freien Vorbau, Vorlandfelder: TS mit Hilfsstützen, Rahmenstiele = Festpunkte; Schienenauszüge an den WLen / ⑧ Mainbrücke Veitshöchheim: 5teiliger Durchlaufträger, im Flußbereich auf einem Stabbogen mit maximaler Länge = 162 Meter und eine Gesamtlänge = 1280 Meter, Bogen im freien Vorbau mit Hilfsabspannungen, Überbau im Taktschieben; Schienenauszüge an den WLen / ⑨ Wälsebach-Talbrücke: 4 Bögen (maximale Länge = 127,5 Meter) mit aufgeständerter Fahrbahn aus Einfeldträgern ohne Koppelungen, Gesamtlänge = 721,2 Meter, Bogen und Fahrbahn auf Gerüst, Schienenauszüge / ⑩ Kragenhofer Talbrücke: Einfeldträger-Fachwerk, Gesamtlänge = 58,4 + 73,6 + 59,2 + 58,4 = 249,6 Meter, als Stahlverbundkonstruktion / ⑪ Werrabrücke: Fugenloser Durchlaufträger mit einer Gesamtlänge = 76,0 + 96,0 + 96,0 + 80,0 + 67,5 = 415,5 Meter als Stahlverbundkonstruktion.

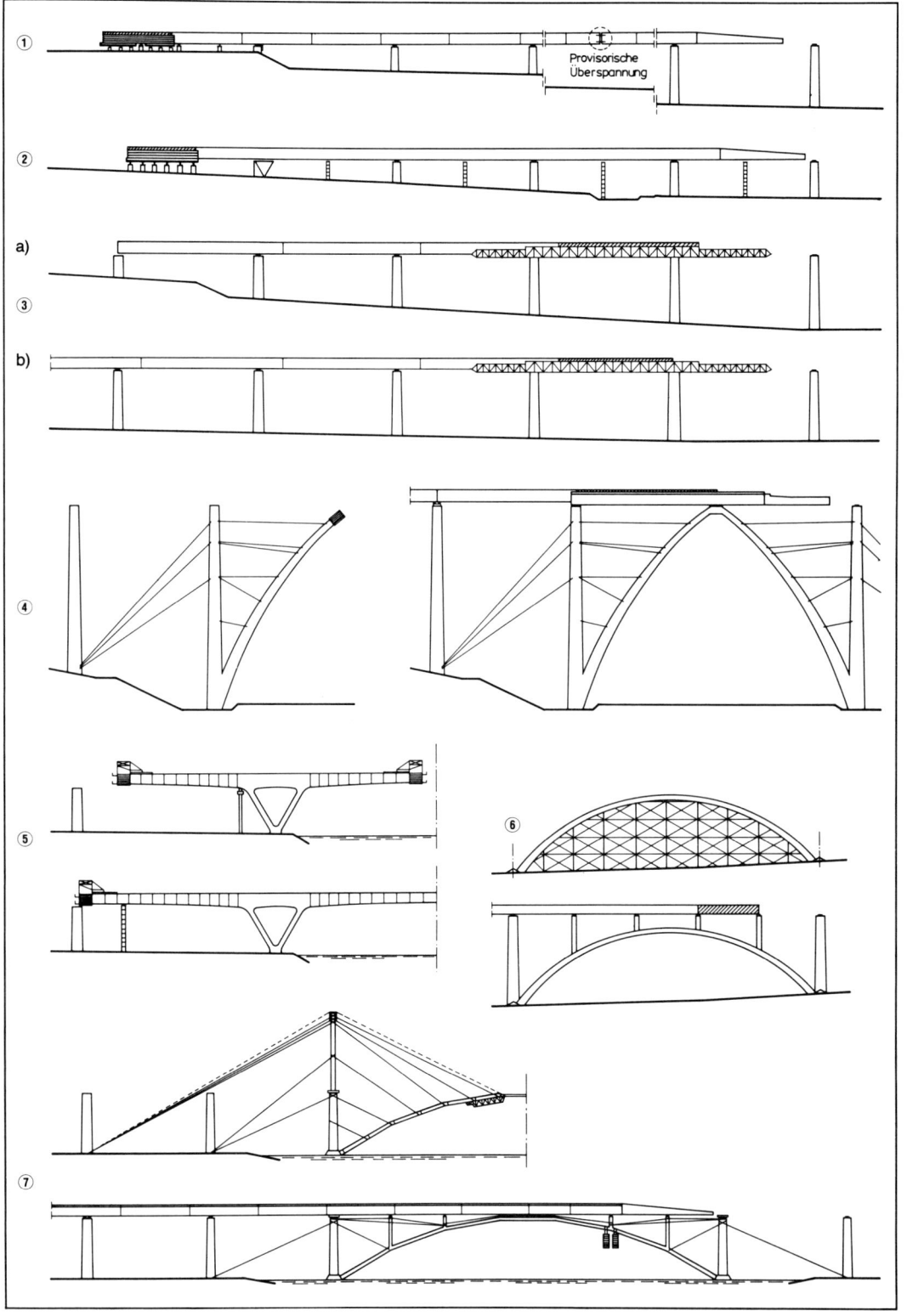

Bild 35: Angewandte Bauverfahren für Großbrücken der Neubaustrecke

① Taktschieben einer Kette von Mehrfeldträgern, dargestellt am Beispiel der Enztalbrücke (3 Sechsfeldträger mit der Gesamtlänge = 3 × 6 × 58 = 1044 Meter). Eine Besonderheit ist die provisorische Überspannung der Bauwerksfugen beim Taktschieben / ② Taktschieben einer Kette von Mehrfeldträgern unter Verwendung von Hilfsstützen (Vorlandfelder der Mainbrücke Gemünden) / ③ Feldweise Herstellung einer Kette von Mehrfeldträgern mit einer Vorschubrüstung (Brücke Bartelsgraben mit der Gesamtlänge = 4 × 5 × 58 = 1160 Meter). Abweichungen vom Takt des Regelfeldes (a) ergeben sich im Bereich der Bauwerksfugen (b) / ④ Rombachtalbrücke: Der A-Bock wird im freien Vorbau mit Hilfsabspannungen abschnittsweise hergestellt. Anschließend wird die Kette aus gekoppelten Einfeldträgern auf einer Vorschubrüstung betoniert. Das Gerüst – eine Neuentwicklung – ist ein verschiebbarer Spannbetontrog mit einem stählernen Schnabel / ⑤ Freier Vorbau eines Voutenträgers mit Stabilisierungsstütze (Hauptöffnung der Mainbrücke Gemünden) / ⑥ Wälsebachbrücke: Herstellung der Bogen des Überbaus als Kette von Einfeldträgern aus Gerüsten / ⑦ Mainbrücke Veitshöchheim: Freier Vorbau des Bogens mit Hilfsabspannungen; Herstellung des Überbaus als Kette von Mehrfeldträgern im Taktschieben (mit Hilfsmaßnahmen am Bogen).

Bild 36: Schienenauszug auf einer langen Talbrücke (Zeitlofs-Talbrücke)

Untersuchungen sind Voraussetzung für die Planung der Fundamentgründung des zu erstellenden Brückenbauwerkes.

Bei nicht gekoppelten Einfeldträgern, die einseitig, unverschieblich gelagert sind, werden auftretende Längskräfte von jedem Pfeiler aufgenommen, so daß das darüberliegende Gleis durchgehend geschweißt werden kann (Bild 33a).

Beim gekoppelten Tragsystem ist die Längskraftabtragung von der Art der Koppelung abhängig. Werden *starre Längskraftkoppelungen* verwendet (Bild 33b), so werden die Längskräfte wie bei Durchlaufträger-Tragwerken in die Widerlager abgeleitet. Bei sehr langen und/oder sehr hohen Brücken ist es jedoch nicht mehr möglich, nur die Widerlager als Festpunkte zu verwenden, weshalb weitere Festpunkte erforderlich sind. Bei ihnen kann es sich entweder um eine sehr steife sogenannte riegelfreie A-Bock-Konstruktion handeln (zum Beispiel Fulda-Talbrücke Breitenbach, Rombach-Talbrücke) oder um eine elastisch wirkende Festpfeilergruppe in Brückenmitte, die zur Aufnahme unterschiedlicher Reibungskräfte dient (zum Beispiel Bartelsgraben-Talbrücke). Zusätzlich kann bei sehr langen Brücken auch noch ein Bremspfeiler zur Längskraftabtragung erforderlich sein (zum Beispiel Maintalbrücke Gemünden). Bei Verwendung von *Kriechkoppelungen* werden nur die plötzlich auftretenden Anfahr- und Bremskräfte in die Widerlager geleitet. Temperaturbedingte Kraftwirkungen werden von jedem Pfeiler aufgenommen, so daß ein durchgehend geschweißtes Gleis möglich ist.

Regelfälle zur Längskraftabtragung sind in den Bildern 32 und 33 dargestellt. Die Bilder 34 und 35 geben einen Überblick über bemerkenswerte Großbrücken und Bauverfahren.

Die Tunnel der Neubaustrecken

Geologische Voruntersuchungen, Tunnellängen

Voraussetzung für jeden Tunnelbau ist zunächst eine möglichst genaue Kenntnis der zu durchörternden Gesteinsschichten (Tafel 29). Dazu bedarf es vor Baubeginn zahlreicher Voruntersuchungen, die die nötigen Kenntnisse über wichtige Gebirgseigenschaften geben. Hierzu zählen vor allem: das Streichen und Fallen der zu durchörternden Gesteins-Schichten, ihre Dicke, Festigkeit und Klüftung, sowie deren Druckverhältnisse oder Wasserführung.

menden Tragsysteme beeinflussen. Einen großen Einfluß auf die Verteilung der auftretenden Längskräfte haben die Baugrundverhältnisse, weshalb zur Gründung der Pfeiler und Widerlager umfassende geologische Baugrunduntersuchungen erforderlich waren.

Bei der höchsten Brücke der Neubaustrecken, der Rombach-Talbrücke, wurden beispielsweise 40 Erkundungsbohrungen mit einer Gesamtlänge von 1000 Metern durchgeführt. Diese eingehenden geologischen

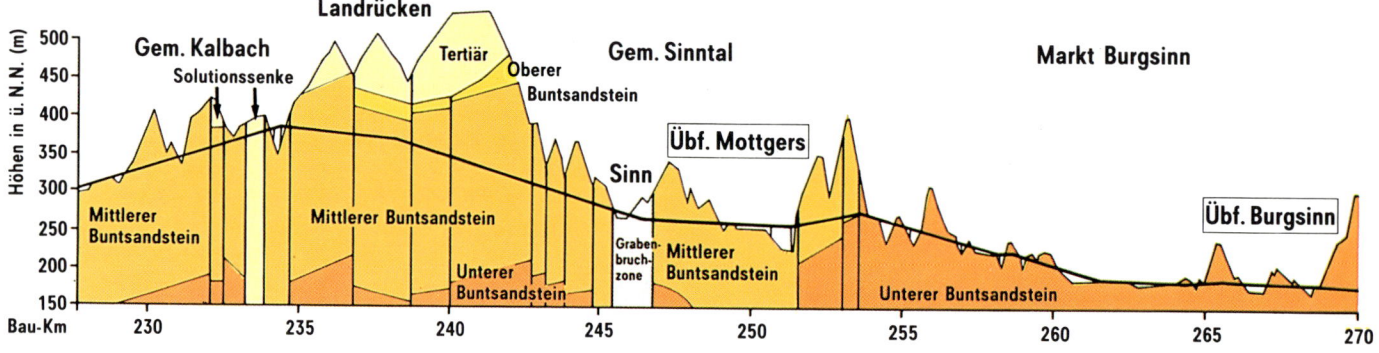

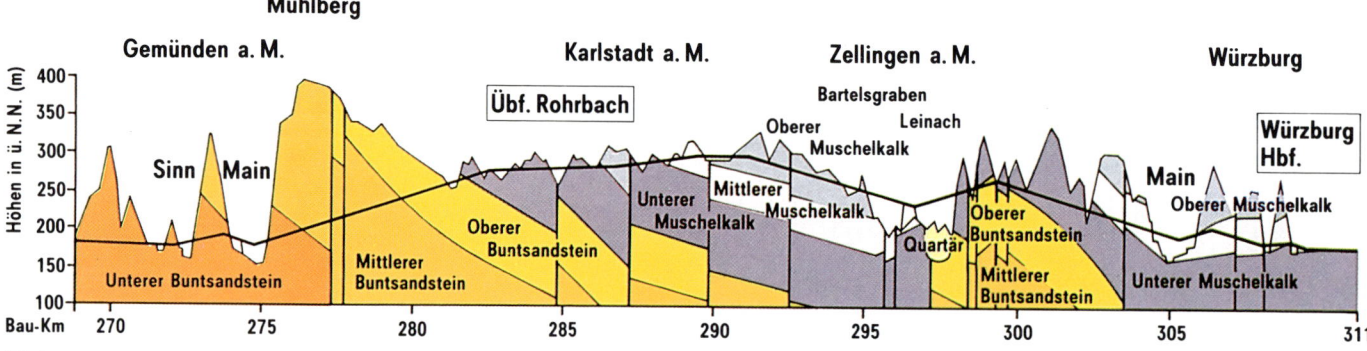

Bild 37: Neubaustrecke Hannover–Würzburg; geologischer Längsschnitt im Südabschnitt

Die Tunnel der Neubaustrecken (Tafeln 25–28) liegen überwiegend in den Formationen des Buntsandsteins und Muschelkalkes (Bild 37) beziehungsweise im Bereich darüberliegender quartärer Deckschichten (Tafel 28 und Bild 85). Die Überlagerungen betragen zum Teil nur wenige Meter, mitunter aber bis zu 200 Meter, wie zum Beispiel beim Landrücken- oder Mühlbergtunnel (beide im Südabschnitt Hannover–Würzburg).

Im Gegensatz zu den Talbrücken weisen die neuen Strecken weit längere Tunnel als die alten Strecken auf. Der längste Tunnel ist nunmehr der 10 779 Meter lange Landrücken-Tunnel, dicht gefolgt vom 10 525 Meter langen Mündener-Tunnel. Beide Tunnel gehören zur Neubaustrecke Hannover–Würzburg. Unter den europäischen Tunneln liegen sie damit nach dem 12 820 Meter langen Mont Cenis-Tunnel (Italien–Frankreich) an achter und neunter Stelle. Der bisher längste Tunnel (von den S-Bahn-Tunneln sei hier abgesehen), der 4203 Meter lange Kaiser-Wilhelm-Tunnel an der Strecke Koblenz–Trier (KSB 520) rückt nach Fertigstellung der beiden Neubaustrecken an die zehnte Stelle aller Bundesbahn-Tunnel.

Bild 38: Tunnelquerschnitte im geraden und gekrümmten Gleis

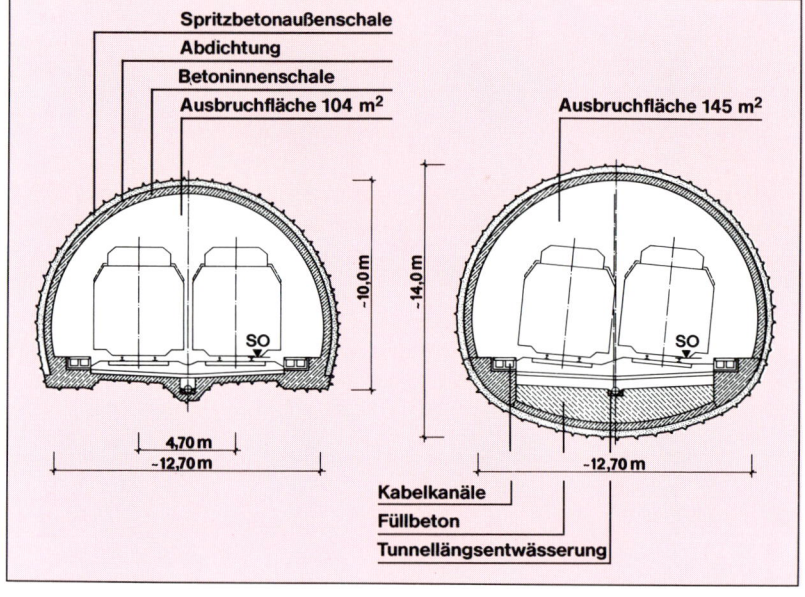

Die Querschnitte der Tunnel

Die nischenlosen Tunnel weisen wesentlich größere Querschnitte als die herkömmlichen Tunnel auf (Tafel 4, Seite 18). Sie sind nicht nur wegen des vergrößerten Gleisabstandes und des erweiterten Regellichtraumes erforderlich, sondern resultieren vor allem aus den Anforderungen der Aerodynamik. Unter diesem Gesichtspunkt wurden die Nutzquerschnitte so gewählt, daß die bei Zugbegegnungen auftretenden Druckbeanspruchungen bei 250 km/h nicht höher sein werden, als dies bei den alten, für maximal 160 km/h zugelassenen Tunnel der Fall ist.

Unter Berücksichtigung vorstehender Prämissen ergaben sich Nutzquerschnitte für das gerade Gleis von 82 beziehungsweise von 92 Quadratmetern in Nachspannbereichen für die Oberleitung sowie an Überleitstellen. Im Bogen liegende Abschnitte weisen Nutzquerschnitte zwischen 87 bis 94 Quadratmeter auf.

Bauweise der Tunnel

Die Tunnel der Neubaustrecken werden – soweit sie nicht in offener Bauweise erstellt werden – ausnahmslos nach der *Neuen Österreichischen Tunnelbauweise (NÖT)* aufgefahren. Sie stellt nicht nur ein wirtschaftliches Bauverfahren dar, sondern läßt sich auch gut den stets wechselnden Gebirgsverhältnissen anpassen. Seicht im Lockermaterial oder dicht unter einer Bebauung liegende Tunnel können mit ihr genau so gut hergestellt werden, wie Tunnel mit hoher Überlagerung bei brüchigem oder druckhaftem Gebirge. Durch Anwendung von Spritzbeton in unterschiedlicher Stärke, Einbau von Ausbaubögen in verschiedenen Abständen und das Setzen von Ankern in unterschiedlicher Länge und Richtung lassen sich die Ausbaumaßnahmen den jeweiligen Verhältnissen anpassen. Charakteristisch für die nach der NÖT hergestellten Tunnel ist ihr zweischaliger Ausbau, der aus einer im Gebirge

Tafel 25: Die Tunnel der Neubaustrecke Hannover–Würzburg im Nordabschnitt[2]

Lfd. Nr.	Bezeichnung des Tunnels	Lage (Baukilometer)	Länge (m)	maximale Überdeckung (m)	geologische Verhältnisse im Tunnelbereich (ohne Deckschichten)	Massenausbruch (nur Tunnelbereich in m³)	Bauzeit	effektive beziehungsweise kalkulatorische Kosten (Mio DM)
1	Escherberg-Tunnel[1]	29,48– 33,18	3687	90	Mittlerer und Unterer Muschelkalk Oberer-Unterer Buntsandstein	480000	01.85–10.88	140
2	Eichenberg-Tunnel	34,92–36,08	1157	54	Mittlerer und Unterer Buntsandstein	151000	03.85–05.85	40
3	Eggeberg-Tunnel	36,76– 37,09	332	30	Unterer Muschelkalk, Oberer Buntsandstein	44000	09.84–12.86	15
4	Riesenberg-Tunnel	48,46– 49,78	1322	20	Oberer Muschelkalk	172000	06.86–02.88	40
5	Helleberg-Tunnel	58,03– 59,67	1641	70	Keuper, Muschelkalk und Buntsandstein (jeweils alle Stufen)	214000	02.86–01.88	
6	Wadenberg-Tunnel	60,56– 60,98	420	25	Unterer Muschelkalk	55000	11.86–12.87	90
7	Hopfenberg-Tunnel	63,47– 64,19	717	45	Oberer-Unterer Muschelkalk	94000	03.86–02.88	
8	Sohlberg-Tunnel	66,65– 68,38	1729	70	Mittlerer Buntsandstein	225000	04.84–10.86	34
9	Krieberg-Tunnel[1]	69,43– 72,43	2994	85	Mittlerer Buntsandstein	390000	04.84–12.87	105
10	Leinebusch-Tunnel	108,39–110,13	1740	50	Oberer und Unterer Muschelkalk	227000	10.83–10.86	50
11	Endelskamp-Tunnel	110,73–111,40	673	22	Mittlerer und Unterer Muschelkalk	88000	04.83–10.86	18
12	Mackenroth-Tunnel	112,69–113,54	849	18	Unterer Muschelkalk	111000	06.84–10.86	21
13	Rauheberg-Tunnel[1]	114,40–119,61	5210	120	Unterer Muschelkalk Oberer und Mittlerer Buntsandstein	678000	11.83–12.88	150
14	Mündener-Tunnel[1]	120,99–131,50	10525	175	Mittlerer Buntsandstein	1369000	08.83–05.89	200
15	Mühlenkopf-Tunnel	131,76–133,10	1346	38	Mittlerer Buntsandstein	175000	08.83–06.87	34
		Summe	34342		Summe	4473000	Summe	937

[1] teils offene Bauweise   [2] Stand 1988

Tafel 26: Die Tunnel im Mittelabschnitt der Neubaustrecke Hannover–Würzburg

Lfd. Nr.	Bezeichnung des Tunnels	Lage (Baukilometer)	Länge[2] (m)	maximale Überdeckung (m)	Bauzeit/ geplante Bauzeit	kalkulierte Kosten[3] (Mio DM)
1	Lohberg-Tunnel	141,07–141,63	563	30	08.84–02.87	21,3
2	Rengershäuser-Tunnel	135,09–136,68	1592	45	09.85–01.88	62,4
3	Dörnhagen-Tunnel[1]	139,05–139,78	739	10	05.86–10.87	20,6
4	Kehrenberg-Tunnel	142,20–144,60	2400	42	10.85–06.88	58,0
5	Erbelberg-Tunnel[1]	147,84–148,04	200	18	03.87–03.89	7,0
6	Hainbuch-Tunnel	148,68–150,20	1520	15	10.86–12.88	39,3
7	Kaiserau-Tunnel	150,24–152,10	1861	95	09.84–03.87	48,1
8	Weltkugel-Tunnel	152,52–154,16	1641	113	09.84–03.87	42,6
9	Wildsberg-Tunnel	155,85–158,56	2708	210	07.83–08.86	61,2
10	Sengeberg-Tunnel	160,44–163,25	2807	130	12.83–03.88	63,1
11	Mühlberg-Tunnel	165,76–168,60	2834	100	06.84–06.88	69,8
12	Hainrode-Tunnel	168,83–174,20	5370	130	02.84–04.89	174,8
13	Mühlbach-Tunnel	174,92–176,62	1697	90	09.84–09.88	48,4
14	Schmitteberg-Tunnel	176,70–177,02	321	20	06.85–05.86	7,3
15	Kalter Sand-Tunnel	178,01–179,05	1043	30	05.85–12.86	19,3
16	Schickeberg-Tunnel	179,44–180,90	1463	75	01.86–02.88	37,9
17	Krämerskuppe-Tunnel	182,25–183,08	839	53	04.84–03.86	23,7
18	Kirchheim-Tunnel	184,13–187,95	3820	80	02.84–10.87	108,4
19	Hattenberg-Tunnel	188,94–189,34	444	45	03.86–05.87	13,0
20	Warteküppel-Tunnel	190,02–190,86	835	75	07.84–01.86	24,1
21	Richthof-Tunnel	193,23–196,74	3510	103	09.83–08.86	85,0
22	Dornbusch-Tunnel	200,49–201,28	796	25	02.86–10.87	16,4
23	Witzelshöhe-Tunnel	200,49–201,28	557	15	09.83–12.85	21,6
24	Eichberg-Tunnel	201,79–202,76	976	35	12.82–06.85	25,4
25	Ganzberg-Tunnel	205,27–205,65	387	25	10.83–04.85	12,0
26	Dietershan-Tunnel	208,77–216,14	7375	85	05.83–04.87	190,0
27	Sulzhof-Tunnel	226,15–226,87	714	40	04.83–03.85	22,2
		Summe	49012		Summe	1322,9

[1] offene Bauweise
[2] Stand 1988
[3] Stand 5/84

verankerten Außenschale und einer Innenschale besteht (Bilder 38 und 39).

Die Grundlagen für diese Bauweise wurden in der ersten Hälfte des 20. Jahrhunderts geschaffen, als Stollenbauingenieure des Wasserkraftwerkbaues Spritzbeton und Ankerung bis zur Anwendungsreife entwickelten. Dieser beim österreichischen Autobahnbau zwischen den Jahren 1970 und 1975 zur völligen Anwendungsreife entwickelten Methode liegt die Erkenntnis zugrunde, daß das über dem Tunnel liegende Deckgebirge nach erfolgtem Ausbruch die Tendenz hat, ein sich selbst tragendes Gewölbe aufzubauen. Damit die hierbei infolge eines Spannungsabbaus auftretenden Gebirgsdeformationen unschädlich abgetragen werden können, wird der Ausbruch zunächst nur mit einem flexiblen, tief im Gebirge verankerten Spritzbetongewölbe (Außenschale) gesichert. Dadurch wird der endgültige Ausbau weit weniger belastet, als dies bei starrem Ausbau der Fall wäre. Ein Teil der Spannungen wird somit von dem nunmehr mittragenden Gebirge übernommen, was den Vorteil hat, daß die Ausbauten der Tunnel geringer dimensioniert werden können. Die alten Eisenbahntunnel zeichnen sich hingegen durch dicke, mittragende Gewölbe aus.

Vortrieb und Ausbau

Aus den vorerwähnten Nutzquerschnitten ergeben sich Ausbruchsquerschnitte, die in der Regel zwischen 100 und 145 Quadratmeter, in Einzelfällen bis zu 200 Quadratmeter betragen. Der Tunnelvortrieb muß daher stufenweise erfolgen und zwar als Kalotten- (oberer Teil), Strossen- (mittlerer Teil) und Sohl- (unterer Teil) Vortrieb (Bild 39). Zunächst wird die 5,5 bis 6,5 Meter hohe Kalotte ausgebrochen. Meist geschieht das im konventionellen Sprengbetrieb; bei stark brüchigem Gebirge (zum Beispiel Nordteil des Altengronauer Tunnels) hingegen kommt ein kombinierter Spreng- und Fräsbetrieb zur Anwendung. Liegt mechanisch leicht lösbares Gestein vor (zum Beispiel im Roßberg-Tunnel bei Würzburg), so lassen sich auch Fräsmaschinen oder Tunnelbagger einsetzen.

Sobald beim Kalottenvortrieb die Abschlaglänge erreicht ist und das angefallene Gesteinsmaterial mittels Radlager abtransportiert ist, kann die Versiegelung der freigelegten Felsoberfläche und der Einbau der Außenschale erfolgen. Diese aus Ankern, Ausbaubögen und Spritzbeton bestehende Schale ist gleichsam das Korsett des Tunnels. Ihre elastische Beschaffenheit hat zur Folge, daß sie während des Gewölbeaufbaus, der mit den vorerwähnten Gebirgsdeformationen einhergeht, nicht allzu viel Kräfte aufnehmen muß. Die Außenschale umfaßt jedoch nicht nur den Kalottenteil des Tunnels, sondern wird später auch im Bereich der Strossenwände erstellt.

Der Strossenvortrieb folgt dem Kalottenvortrieb im Abstand von 120 bis 200 Metern und wird entweder halbseitig oder durch Öffnung eines Mittelschlages durchgeführt. Der Sohlausbruch, der nach weiteren 150 bis 200 Metern erfolgt, kann hingegen erst kurz vor dem Betonieren der Innenschale in Angriff genommen werden. Je nach Gebirgsqualität wird die Sohle als Sohlgewölbe oder Platte hergestellt. Mit dem Einbau der Innenschale kann jedoch erst nach weitgehendem Abklingen der nach dem Ausbruch auftre-

Tafel 27: Die Tunnel im Südabschnitt der Neubaustrecke Hannover–Würzburg[1]

Lfd. Nr.	Bezeichnung des Tunnels	Lage (Baukilometer)	Länge (m)	maximale Überdeckung	geologische Verhältnisse im Tunnelbereich (ohne Deckschichten)	Massenausbruch mit Voreinschnitt (m^3)	Bauzeit	Kosten (Mio DM)
1	Hartberg-Tunnel	229,86–230,61	752	65	Mittlerer Buntsandstein	585 000	12.82–09.85	25
2	Kalbach-Tunnel	231,29–232,57	1286	55	Mittlerer Buntsandstein	303 000	12.82–07.85	33
3	Bornhecke-Tunnel	233,19–233,96	773	25	Mittlerer Buntsandstein	409 000	12.82–04.85	30
4	Landrücken-Tunnel	234,68–245,46	10779	400	Mittlerer Buntsandstein	1 500 000	09.82–10.86	336
5	Schwarzenfels-Tunnel	246,15–248,25	2100	60	Muschelkalk, Mittlerer Buntsandstein	591 000	06.82–06.85	60
6	Altengronauer Forst-Tunnel	251,45–253,80	2353	120	Mittlerer Buntsandstein	325 000	06.81–10.84	61
7	Roßbacher Forst-Tunnel	253,91–254,16	255	10	in offener Bauweise erstellt		08.82–10.84	25
8	Dittenbrunner Höhe-Tunnel	255,65–256,48	824	50	Unterer Buntsandstein	170 000	04.81–04.84	26
9	Burgsinner Kuppe-Tunnel	265,12–265,85	730	40	Unterer Buntsandstein	213 000	05.81–08.83	34
10	Sinnberg-Tunnel	268,91–271,07	2159	120	Unterer Buntsandstein	421 000	12.80–12.83	75
11	Einmalberg-Tunnel	272,79–273,93	1141	130	Unterer Buntsandstein	170 000	12.80–05.83	29
12	Mühlberg-Tunnel	275,23–280,75	5528	180	Oberer bis Unterer Buntsandstein	800 000	07.82–12.85	119
13	Hanfgarten-Tunnel	291,33–291,73	400	20	Unterer Muschelkalk, Oberer Buntsandstein	85 000	10.83–09.85	60
14	Hohe-Wart-Tunnel	292,05–292,92	872	20	Unterer Muschelkalk, Oberer Buntsandstein	495 000	12.83–09.85	
15	Espenloh-Tunnel	297,99–300,22	2235	75	Unterer Muschelkalk, Oberer Buntsandstein	386 000	10.83–04.86	61
16	Eichelberg-Tunnel	300,35–302,22	1869	85	Unterer Muschelkalk	324 000	10.83–09.85	34
17	Neuberg-Tunnel	302,38–304,33	1946	70	Mittlerer und Unterer Muschelkalk	250 000	10.83–02.86	45
18	Roßberg-Tunnel	305,90–308,07	2164	70	Mittlerer Muschelkalk	280 000	09.84–07.87	50
19	Steinberg-Tunnel	308,32–308,90	579	70	Mittlerer Muschelkalk	80 000	09.84–07.87	16
		Summe	38745			Summe 7 387 000	Summe	1119

[1] Stand 1988

Tafel 28: Die Tunnel der Neubaustrecke Mannheim–Stuttgart ohne die 126 Meter lange tunnelartige Unterquerung der BAB 6 (Schwetzinger Tunnel)[4]

Lfd. Nr.	Bezeichnung des Tunnels	Lage (Streckenkilometer)	Länge (m)	maximale Überdeckung (m)	geologische Verhältnisse im Tunnelbereich	Massenausbruch mit Voreinschnitt (m³)	Bauzeit/geplante Bauzeit	kalkulierte Kosten (Mio DM)
1	Pfingstberg-Tunnel	5,60–11,00	5380	5 (offene Bauweise)	Quartär (Kies, Sand)	1 700 000	1976–10.85[5]	110
2	Forst-Tunnel	40,70–42,43	1727	2 (offene Bauweise)	Quartär (Kies, Sand)	540 000	05.83–05.88	85
3	Rollenberg-Tunnel	45,18–48,48	3303	63	Keuper (Lettenkeuper, Dunkelrote Mergel), Muschelkalk	430 000	Probevortrieb und Erkundungsstollen: 06.80–10.84 Bauzeit: 10.84–05.87	106
4	Altenberg-Tunnel	50,08–50,30	220	9 (offene Bauweise)	Quartär (Lößlehm), Gipskeuper	20 000	04.85–Ende 87	7
5	Neuenberg-Tunnel	50,88–51,64	762	20	Quartär (Lößlehm), Gipskeuper	115 000	03.87–09.88	26
6	Simonsweingarten-Tunnel	53,01–53,43	420	10 (offene Bauweise)	Quartär (Lößlehm), Gipskeuper	400 000	10.85–04.88	10
7	Wilfenberg-Tunnel	60,43–61,43	1006	25 (teils offene Bauweise)	Quartär (Lößlehm), Gipskeuper	141 000	05.85–02.87	31
8	Freudenstein-Tunnel	62,10–68,90	6800	101 (teils offene Bauweise)	Gipskeuper (Dunkelrote Mergel)	1 160 000	Probevortrieb: 10.84–Sommer 87 Bauzeit: Sommer 87–Frühjahr 90	350
9	Burgberg-Tunnel	71,74–72,86	1115	42 (teils offene Bauweise)	Gipskeuper (Untere Bunte Mergel)	76 000 (nur bergmännischer Teil)	03.85–07.87	42
10	Saubuckel-Tunnel	73,25–73,65	403	16	Gipskeuper (Untere Bunte Mergel)	56 000	11.86–12.87	16
11	Markstein-Tunnel	79,10–81,88	2782	65 (teils offene Bauweise)	Oberer Muschelkalk	300 000	08.86–06.90	110
12	Pulverdinger-Tunnel	84,17–86,04	1878	33	Lettenkeuper, Oberer Muschelkalk	210 000	1986–88	41
13	Langes Feld Tunnel	94,11–98,07[1]		10 (offene Bauweise)	Quartär (Lößlehm)			
		94,11–98,78[2]	5494[3]	10 (teils bergmännisch)	Gipskeuper, Lettenkeuper	750 000	07.84–Anfang 89	209
14	Nebenweg-Tunnel im hohen Markstein	36,83–37,56 (2gleisig: 725 m) 37,56–37,90/37,94 (1gleisig: 352 m und 386 m)	1463	18	Keuper (Lettenkeuper) Oberer Muschelkalk	170 000	1986–88	31
	Summe		32 753				Summe	1174

[1] Tunnelstrecke für Gleis Mannheim–Stuttgart: 3961 Meter   [2] Tunnelstrecke für Gleis Stuttgart–Mannheim: 4656 Meter   [3] Länge der zweigleisigen Tunnelstrecken: 3213 Meter, Länge der eingleisigen Tunnelstrecken einschließlich Tunnelstrecken zur Ein- und Ausfädelung der Güterbahn von und nach Stuttgart-Untertürkheim: 2281 Meter   [4] Stand 1988
[5] Bauzeit 5 Jahre unterbrochen

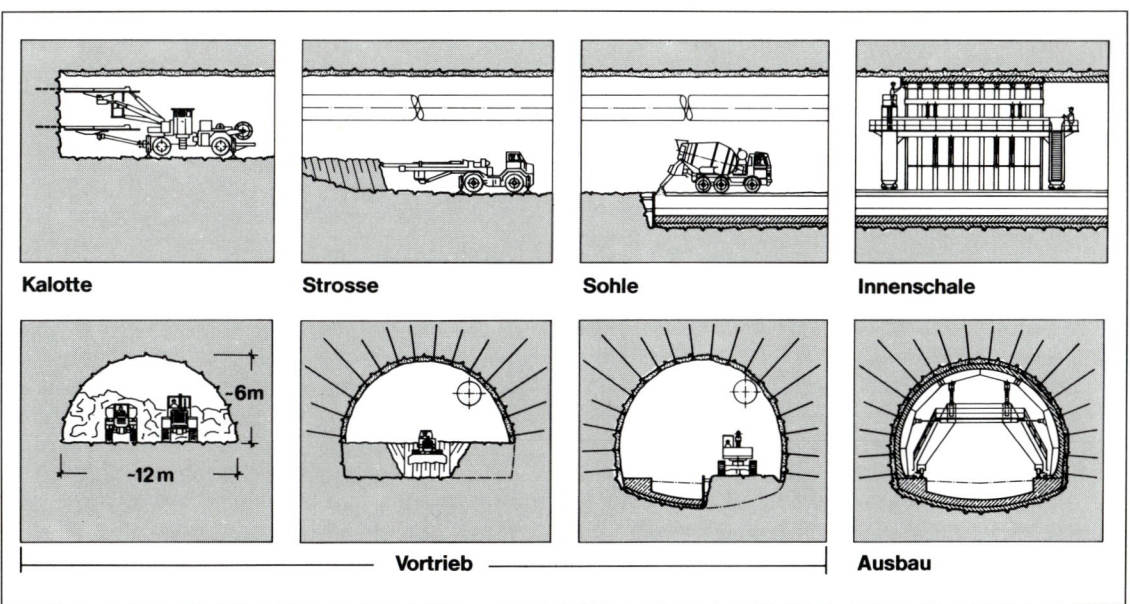

Bild 39: Bauablaufschema bei guten Gebirgsverhältnissen

tenden Gebirgsdeformationen begonnen werden, was – je nach Gebirgsstruktur – nach etwa vier Wochen der Fall ist. Innenschale und Sohle erhalten eine theoretische Stärke von 30 bis 40 Zentimetern und stellen das eigentliche Tunnelbauwerk dar, das mögliche Restverformungen des Gebirgen aufzunehmen vermag (Bild 40).

Bild 40: Innenausbau des Steinberg-Tunnels bei Würzburg

Arbeitskräfteeinsatz, Vortriebsleistungen, Herstellungskosten

Die Zahl der beim Bau eingesetzten Arbeitskräfte ist verhältnismäßig gering. Sie beträgt beim Kalottenvortrieb acht bis zehn und beim sogenannten Strossenabbau etwa sechs bis acht Mann. Die Zahlen sind allerdings zu verdoppeln, da in der Regel Tag und Nacht in je zwei zehnstündigen Schichten gearbeitet wird. Vergleichsweise sei in diesem Zusammenhang erwähnt, daß beim Bau des ersten deutschen Eisenbahntunnels, des 512 Meter langen Oberau-Tunnels an der Strecke Leipzig–Dresden, durchschnittlich 380 Mann drei Jahre (1837–1839) lang gearbeitet haben. Trotz des geringen Tunnel-Querschnittes wurde nur eine Tagesleistung von etwa einem halben Meter erzielt. Bei dem bisher längsten Tunnel der Welt, dem 22 200 Meter langen Daiskimiza-Tunnel in Japan, betrug die Bauzeit nur vier Jahre (1975–1979), dies entsprach einer mittleren Tagesleistung von etwa 15 Metern.

Dank moderner Arbeitsgeräte lassen sich mit der NÖT beachtliche Tagesleistungen erzielen. Je nach den örtlichen Gebirgsverhältnissen können sie mehrere Meter betragen; sie variieren jedoch beträchtlich. Spitzenwerte an mittleren Tagesleistungen wurden zum Beispiel beim 5528 Meter langen Mühlberg-Tunnel (Strecke Hannover–Würzburg) erzielt. Bei dem zweiseitigen Vortrieb verlängerte sich der Tunnel im Mittel täglich um

Tafel 29: Geologische Zeittafel zur Einordnung der beim Tunnelbau angetroffenen Gebirgsverhältnisse

Zeitalter	Formation	Abteilung/Stufe		wichtige Gesteine	Millionen Jahre
Erdneuzeit	Quartär	Holozän Pleistozän		Talfüllungen und Flußablagerungen aus Kies oder Sand; Löß, Lößlehm; Hangschutt, Hanglehm	2,4
	Tertiär	Jungtertiär Alttertiär		Mergel, Tone, Sande	65
Erdmittelalter	Kreide	Oberkreide Unterkreide		Sandsteine, Tonsteine, Kalksteine	140
	Jura	Malm Dogger Lias		Kalksteine, Mergelsteine, Tonsteine	195
	Trias	Keuper	Oberer Keuper (Rhät), Mittlerer Keuper (Sandstein-, Gipskeuper), Unterer Keuper (Lettenkeuper)	Sandsteine, Tonsteine mit Gips- und Kalksteineinlagen	238
		Muschelkalk	Oberer Muschelkalk, Mittlerer Muschelkalk, Unterer Muschelkalk	Kalksteine, Mergelsteine, teils mit Gips- und Steinsalzeinlagerungen	
		Buntsandstein	Oberer Buntsandstein, Mittlerer Buntsandstein, Unterer Buntsandstein	Sandsteine, Tonsteine	
Erdaltertum	Perm	Zechstein Rotliegendes		Kalk- und Tonsteine, Steinsalz	290
	Karbon Devon Silur Ordovizium Kambrium				570

(Nach Angaben des Bayerischen Geologischen Landesamtes, München)

etwa 13 Meter, also um etwa sechseinhalb Meter je Vortriebseite. Beim über zehn Kilometer langen Landrücken-Tunnel hingegen lagen die Tagesleistungen nur bei drei Metern; in ungünstigen Fällen sogar nur noch bei ein bis zwei Metern je Vortrieb. Die Herstellungskosten variieren deshalb – bezogen auf gleiche Längen – bei den Tunneln weitaus stärker als bei den Talbrücken. Bei der Strecke Hannover–Würzburg betrugen sie je laufenden Meter im Nordabschnitt durchschnittlich 22 980 DM, im Mittelabschnitt 27 860 DM und im Südabschnitt 26 530 DM. Im einzelnen sind aber teils erhebliche Unterschiede zu verzeichnen. Der preiswerteste Tunnel der gesamten Strecke war der Eichelberg-Tunnel bei Würzburg mit 18 180 DM/Meter und der teuerste war der ebenfalls im Südabschnitt gelegene Burgsinner Kuppe-Tunnel mit 46 575 DM/Meter. Der teuerste überhaupt war der zur Neubaustrecke Mannheim–Stuttgart gehörende Freudenstein-Tunnel mit gut 50 000 DM je laufenden Meter. Mit 36 610 DM mittleren Kosten sind die Tunnel dieser Strecke ohnehin erheblich teurer als die der vorerwähnten Strecken.

InterCity Experimental/Expreß – eine neue Fahrzeuggeneration für neue Strecken

Nicht nur neue Strecken, sondern neue Züge auf neuen Strecken heißt die Devise der Bahn. Aus diesem Grunde arbeiten schon seit vielen Jahren Eisenbahnfachleute und Industrie gemeinsam an der Entwicklung eines zukunftsträchtigen Systems, dem Hochgeschwindigkeitsverkehr der neunziger Jahre.

Entsprechend den Zielvorgaben des DB-Vorstandes soll weiterhin alles, was an Fortschritten auf den Gebieten des Fahrweges, der Fahrzeuge und der Kommunikation verfügbar ist, in dieses System eingebracht werden, um mit neuen ICE-Triebzügen auf den Aus- und Neubaustrecken bei Geschwindigkeiten bis zu 250 km/h und erhöhtem Komfort wieder einen großen Inovationsschub herbeizuführen um damit neue Märkte zu erschließen.

InterCity-Experimental-Untersuchungsprogramm

Im November des Jahres 1985 wurde als Ergebnis dieser langen Entwicklungs- und Forschungstätigkeit der InterCity Experimental (ICE), ein Versuchs- und Demonstrationszug, der Öffentlichkeit vorgestellt (Bild 41). Mit ihm wurden bis 1988 unmittelbare Erkenntnisse für die künftige Generation von Hochgeschwindigkeitszügen gewonnen. Im wesentlichen wurden dabei zwei Ziele verfolgt:
▷ Systemerprobung mit Geschwindigkeiten bis über 400 km/h auf Neubaustrecken,
▷ Demonstration der Gestaltungsmöglichkeiten eines künftigen Hochgeschwindigkeitszuges der neunziger Jahre.

Näheres über den ICE ist in dem Buch „ICE – Zug der Zukunft" nachzulesen.

Konzept des InterCity Expreß

Die Gesamtkonzeption des neuen ICE entspricht prinzipiell der seines Vorgängers und ist das Ergebnis gemeinsamer Bestrebungen um die derzeit technologisch beste, wirtschaftlichste und marktwirksamste Gestaltung des ICE.

Der künftige Hochgeschwindigkeitszug wird sich durch folgende Charakteristika auszeichnen:
▷ Zugverband mit je einem Triebkopf an den Enden (Triebzug),
▷ aerodynamisch überarbeitete Triebkopfform,
▷ Energieaufnahme über die Stromabnehmer beider Triebköpfe, dadurch Wegfall einer durchgehenden Dachleitung,
▷ Drehstromantrieb mit gesteigerter Dauerleistung von nunmehr 2 × 4800 Kilowatt,
▷ fortgeschrittene Technik bei Zugsteuerung, Diagnose und Anzeigetechnik,
▷ Auslegung für maximal 14 Mittel-(Zwischen-)wagen und für 250 km/h,
▷ lauf- und bremstechnische Eignung für 280 km/h mit Entwicklungspotential bis 300 km/h,
▷ Mittelwagen aus Aluminium mit durchgehendem Fensterband,
▷ Wagenabmessungen aus Komfort- und Wirtschaftlichkeitsgründen vergrößert auf 26,4 Meter Länge und 3,02 Meter Breite,
▷ gleiche Dachhöhe im gesamten Zugverband von 3,84 Metern,
▷ grundlegend neues, zukunftorientiertes Designkonzept.

Beschaffungsprogramm für den InterCity Expreß

Am 4. August 1987 hat der Bundesminister für Verkehr (BMV) im Einvernehmen mit dem Bundesminister für Finanzen (BMF) zugestimmt, daß die Deutsche Bundesbahn bis zu 41 Triebzüge beschafft und die dafür erforderlichen Instandhaltungsanlagen erstellt. Die Mittelfreigabe umfaßt ein Volumen von knapp zwei Milliarden DM, die im Laufe der nächsten vier Jahre, also bis zur Inbetriebnahme der beiden neuen Strecken, zu investieren sind.

Mit der Beschaffung des InterCity Expreß trägt die Deutsche Bundesbahn den unterschiedlichen Anforderungen Rechnung, die sich aus dem nationalen und grenzüberschreitenden Verkehr ergeben. Zwei Triebzüge dieser Serie sollen als ICE-Mehrsystemvariante im internationalen Verkehr eingesetzt werden.

Bild 41: ICE auf Meßfahrt zwischen Burgsinn und der Überleitstelle „Hohe Wart", fotografiert in dem kurzen Einschnittbereich zwischen dem Hanfgarten- und Hohe-Wart-Tunnel.

Die Neubaustrecken Hannover–Würzburg und Mannheim–Stuttgart

Die Magistralen Hannover–Würzburg und Mannheim–Stuttgart zählen zu den wichtigsten im Netz der Deutschen Bundesbahn. Auf ihnen verkehren sowohl intensiv genutzte IC-Züge wie nationale und internationale Fern-, Eil-, Nahverkehr- und Güterzüge. Jedoch erlauben die vielfach gewundenen Trassen bei weitem keine zeitgemäßen Reisegeschwindigkeiten. Durchschnittlich müssen die Lokführer etwa alle 3 Kilometer abbremsen und beschleunigen (Bild 42) – unattraktive Fahrzeiten und ein relativ hoher Energieverbrauch sind die Folge (Bild 43).

Ein Ausbau der heutigen 362 und 129 Kilometer langen Strecken hätte die zahlreichen Probleme nicht einmal annähernd lösen können. Nach wie vor würden die ausgebauten Strecken durch zahlreiche Ortschaften führen, die engen Kurven wären immer noch vorhanden, und ein wirtschaftlicher Betrieb wäre trotz hoher finanzieller Aufwendungen ein Wunschdenken geblieben.

Für die Nord-Süd-Strecke schied ohnehin ein Streckenausbau wegen der dringend notwendigen Anbindung Kassels als osthessisches Zentrum von vornherein aus. Also Gründe genug, weshalb sich die Bahn zum Neubau der beiden zusammen rund 14 Milliarden DM teuren Strecken entschieden hat. Beide Strecken werden bis zum Jahre 1991 abschnittsweise in Betrieb gehen (Tafel 30).

Neubaustrecke Hannover–Würzburg

Planung und Realisierung

Für die Strecken Hannover–Würzburg wurden schon vor etwa 20 Jahren erste Trassenvorstel-

Tafel 30: Abschnittsweise Inbetriebnahme der Neubaustrecken

	1987	1988	1989	1990	1991
Hannover–Würzburg					
Rethen–Edesheim, 65 Kilometer					○
Edesheim–Nörten-Hardenberg, 13 Kilometer		○			
Nörten-Hardenberg–Kassel, 53 Kilometer				○	
Kassel–Fulda, 90 Kilometer					○
Fulda–Würzburg, 94 Kilometer		○			
Mannheim–Stuttgart					
Mannheim–Wiesental		○			
Wiesental–Stuttgart					○

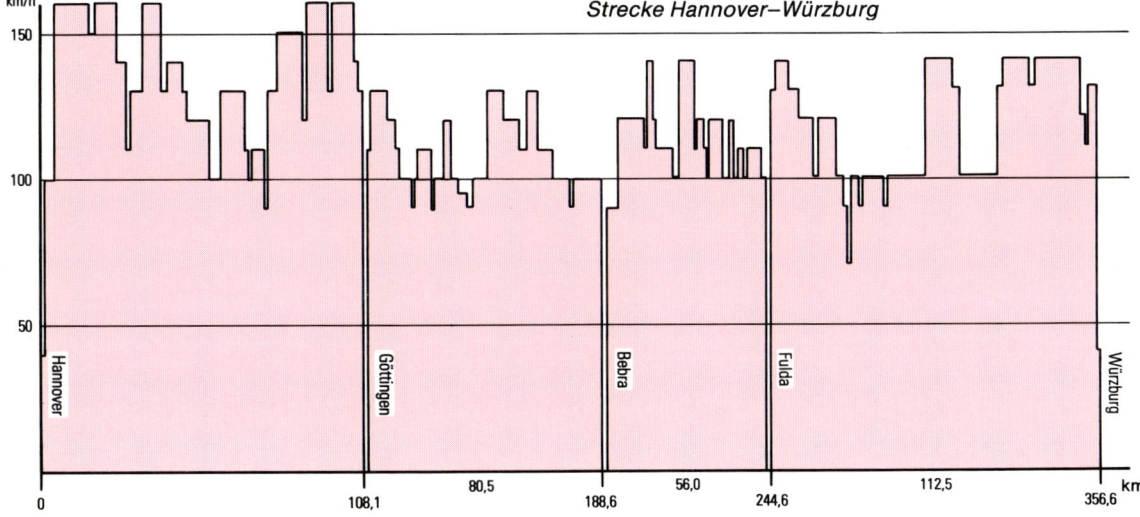

Bild 42: Geschwindigkeitsband für die alte Nord-Süd-Strecke Hannover–Würzburg

lungen entwickelt. Doch erst 1971 wurde der Planungsauftrag zum Bau der jetzt etwa 11 Milliarden DM teuren Strecke erteilt.

Zur Realisierung des Vorhabens wurden drei Projektgruppen eingerichtet, und dementsprechend wurde die Strecke in drei Abschnitte (Nord, Mitte, Süd) unterteilt. Zur landesplanerischen Abstimmung wurden neun Raumordnungsabschnitte gebildet, die sich auf insgesamt 76, im Mittel 4,3 Kilometer lange Planfeststellungsabschnitte aufteilen.

Im *Nordabschnitt* fand der erste Trassenentwurf, der die Städte Hannover, Kassel, Fulda und Würzburg auf kürzestem Wege verband (Variante I), im Jahre 1972 nicht die Zustimmung der obersten Landesplanungsbehörde von Niedersachsen. Noch im gleichen Jahr wurde ein Entwurf (Variante II) mit der geforderten Einbeziehung von Göttingen erarbeitet, dem lediglich im Abschnitt Hannover–Rethen zugestimmt werden konnte. Ein Jahr später, am 10. August 1973, konnte in Laatzen bereits der erste Rammschlag ausgeführt werden.

Im Mai 1979 war es schließlich soweit, daß die Bundesbahn den ersten, exakt 12,762 Kilometer langen Abschnitt in Betrieb nehmen konnte – die ersten zu einer Fernstrecke gehörenden neuen Eisenbahnkilometer seit mehr als 100 Jahren! Doch noch bis Mitte 1985 kennzeichnete in Rethen eine zur Hälfte fertiggestellte Brücke das Ende der neuen Trasse – sehr zum Leidwesen der

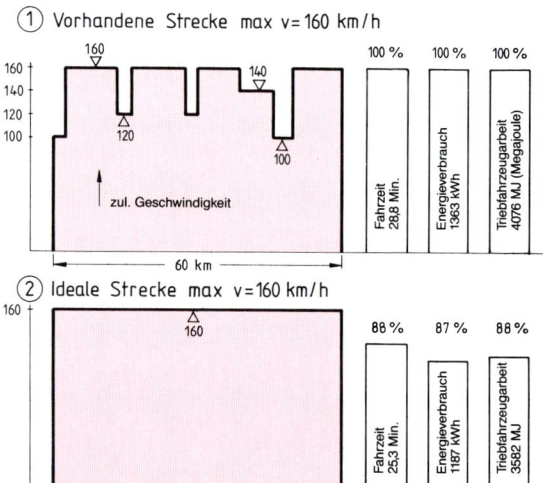

Bild 43: Fahrzeit, Energieverbrauch und Triebfahrzeugarbeit von Zugfahrten auf einer 60 Kilometer langen IC-Strecke (Beispiel) bei unterschiedlichen Streckenverhältnissen (Lok BR 103; Anhängelast 500 Tonnen).

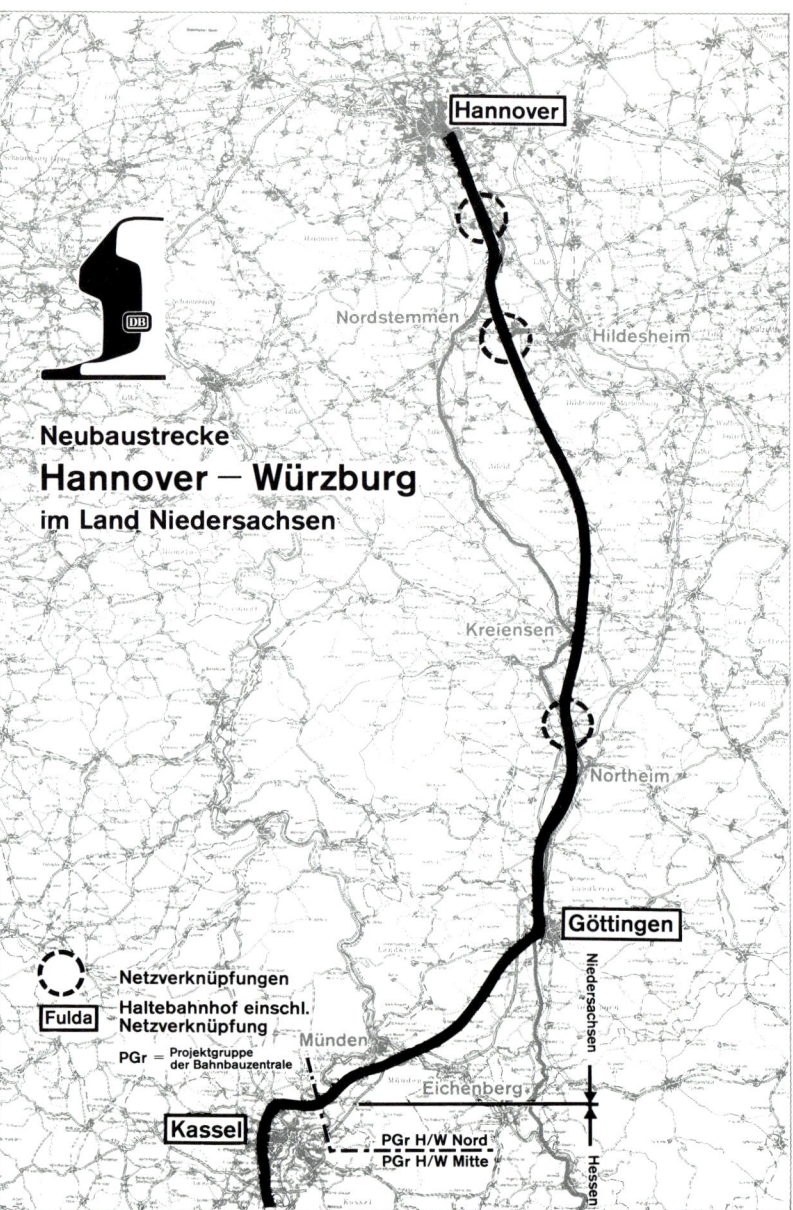

Bild 44: Trassenführung zwischen Hannover und Kassel

Bahn, die endlich attraktive Reisezeiten anbieten wollte. Der Weiterbau ab Rethen ließ sich leider nicht mehr so zügig verwirklichen.

Für die Linienführung ab Rethen wurde 1973 eine neue, ebenfalls über Göttingen verlaufende Trassenvariante (III) erarbeitet, die der Variante II betriebswirtschaftlich überlegen war. Nach Änderung der Entwurfsparameter für die Höchstgeschwindigkeit (von 300 auf 250 km/h) und das

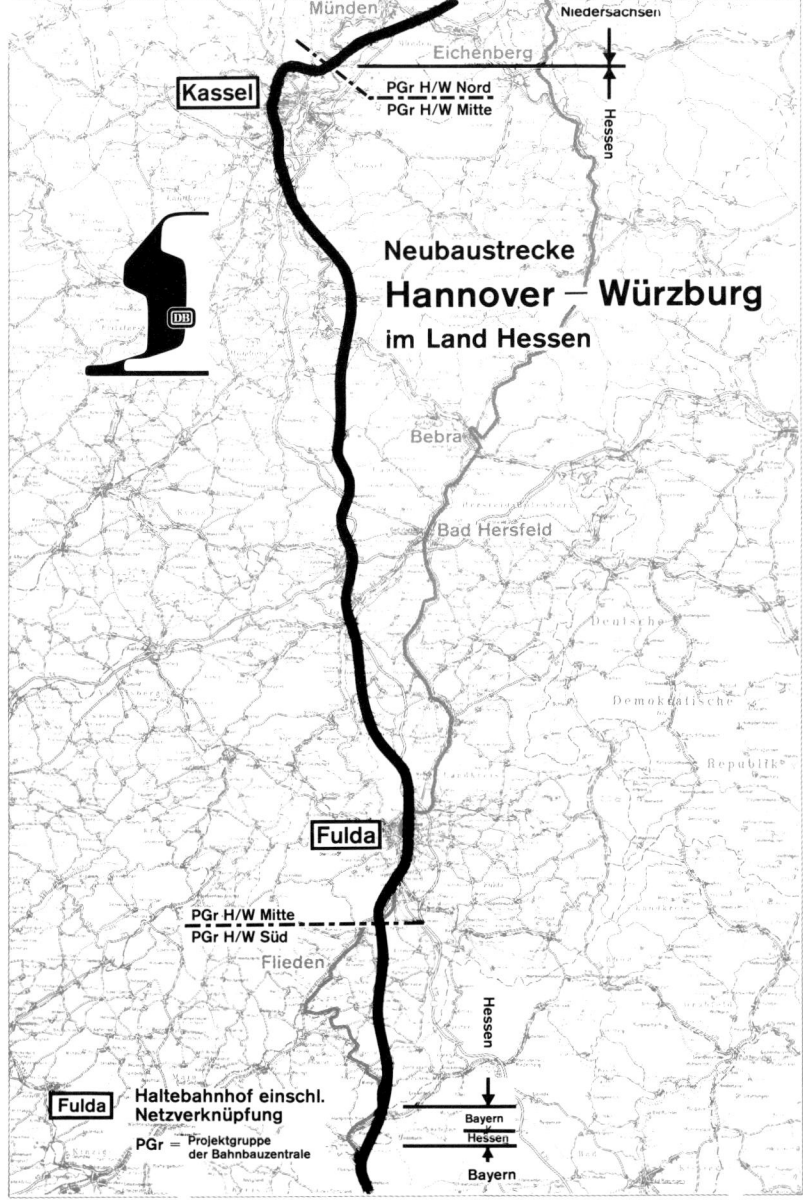

Bild 45: Trassenführung zwischen Kassel und Fulda

Mit den ersten Bauarbeiten wurde im Nordabschnitt 1979 bei Göttingen begonnen. Eine umfangreiche Bautätigkeit setzte hier jedoch erst 1983 ein. Bis 1987 waren dann erhebliche Zunahmen bei den jährlichen Bauraten zu verzeichnen (Tafel 7). Mitte 1986 waren alle 35 Planfeststellungsabschnitte erörtert und sämtliche Beschlüsse erlassen, der letzte am 15. Juli 1986. Zu dieser Zeit befanden sich 32 von 35 Planfeststellungsbereichen, das sind rund 93 Prozent oder 123 Kilometer, im Bauzustand.

Im *Mittelabschnitt* (Bild 45) konnte die landesplanerische Abstimmung 1974 aufgenommen und 1980 abgeschlossen werden. Die Laufzeit der insgesamt 24 Planfeststellungsverfahren erstreckte sich über den Zeitraum von 1980 bis 1985, wobei für das letzte, im Bereich des Betriebsbahnhofes Kirchheim abgeschlossene Verfahren, der Sofortvollzug angeordnet werden mußte.

Während der Planfeststellung mußten insgesamt über 2000 förmliche Einwendungen zu den Planfeststellungsverfahren behandelt werden. Von den 89 eingereichten Klagen konnten 41 außergerichtlich geregelt werden.

Die Bauarbeiten begannen schließlich am 29. September 1981 in Kassel mit dem Überführungsbauwerk Nordendweg. Trotz des relativ frühzeitigen Baubeginns werden die Bauarbeiten in Kassel erst 1991 beendet sein, da hier äußerst umfangreiche Maßnahmen notwendig sind.

Der *Südabschnitt* (Bild 46) umfaßt vier Raumordnungsabschnitte (zwei in Hessen und zwei in Bayern). Die landesplanerische Beurteilung (Raumordnung und Planfeststellung) beanspruchte einen Zeitraum von 10 Jahren (1974–1984). Im Dezember 1976 wurden für den Bereich zwischen dem Betriebsbahnhof Mottgers und Gemünden die ersten Planfeststellungsverfahren eingeleitet. Obwohl bereits zwei Jahre später, also im Jahr 1978, erste Abschlüsse erzielt wurden, hat es noch bis zum Dezember 1984 gedauert, bis alle Verfahren erörtert und die Beschlüsse erlassen waren.

Wie erwähnt sind die Neubaustrecken-Planungen meist auf heftigste Kritik gestoßen, ja teilweise sogar ganz abgelehnt worden. Davon blieb auch der Südabschnitt nicht verschont. Eine gewisse Tendenzwende in der öffentlichen Meinung charakterisieren die Worte des ersten Bürgermeisters von Gemünden, als er anläßlich des Anschlags des Einmalberg-Tunnels am 22. Mai 1981 sagte: „Durch das verständnisvolle Ein-

Lichtraumprofil (Verzicht auf das Großlichtraumprofil) erteilte der Bundesminister für Verkehr (BMV) 1976 seine Zustimmung, die Variante III mit dem Land im Raumordnungsverfahren abzustimmen. Die aufgetretenen Planungsprobleme – vor allem im Hildesheimer Wald – und die dabei notwendig gewordenen Auseinandersetzungen mit Bürgern und Bürgerinitiativen verzögerten den Abschluß aller Verfahren noch bis 1980.

gehen der verantwortlichen Leute der DB auf unsere Wünsche und Vorstellungen werden sicherlich die Auswirkungen dieser Schnellstrecke an Leben und Gesundheit von Menschen und Umwelt kaum Schaden anrichten." Die örtliche Presse schrieb: „Mit dem Anschlag des Einmalberg-Tunnels hat die Bundesbahn symbolisch das Tor in ihre Zukunft aufgestoßen..."

Im Südabschnitt sind die 1980 begonnenen Bauarbeiten am zügigsten von allen drei Abschnitten vorangekommen. Fünf Jahre nach dem ersten Rammschlag war die Strecke durchgehend in Bau und seit Ende 1986 war sie bis auf den Bereich der Mainbrücke bei Würzburg weitgehend fertiggestellt. Ausgehend vom Betriebsbahnhof Burgsinn, wo die neue Strecke an die alte Nord-Süd-Strecke angebunden ist, begannen 1985 die Verlegearbeiten für die Gleise (Bild 6), die bis Ende 1986 bereits zu etwa 95 Prozent ausgeführt waren. Auch die Oberleitung konnte bis dahin zu 70 Prozent installiert und teilweise in Betrieb genommen werden. Während bereits im Frühjahr 1987 (siehe Chronik) der Lückenschluß im Gleis zwischen dem Mittel- und Südabschnitt vollzogen werden konnte, begannen die Verlegearbeiten für den restlichen, zwischen Maintalbrücke Veitshöchheim und Würzburg Hbf gelegenen Streckenabschnitt erst im August 1987 (Bild 47).

Problempunkte und Planungsänderungen bei der Neubaustrecke

Im Bereich aller drei Abschnitte mußten zunächst grundsätzliche Überlegungen zur Linienführung angestellt werden:

Im *Bereich Nord* bestand lange Zeit die bereits erwähnte Planungsunsicherheit, bis schließlich die Entscheidung zugunsten einer Linienführung durch das Leinetal fiel (Variante III, Bild 44).

Im *Mittelabschnitt* betraf dies vor allem den Raum Kassel. Auch zwischen Kassel und Fulda wurden Trassenvarianten ausgearbeitet, die teils die geforderte Anbindung von Bebra vorsahen, teils eine Umfahrung des Knoten Fuldas beinhalteten. Vom Landkreis Hersfeld-Rothenburg wurde schon während des Raumordnungsverfahrens die Anbindung von Bebra an die Neubaustrecke gefordert. Die DB hat zwar verschiedene Varianten zur Anbindung dieses Raumes untersucht, mußte sie jedoch sowohl aus bautechnischen als auch aus wirtschaftlichen Überlegungen ablehnen. Im übrigen war ein künftiger Halt der ICE-Züge in diesem Bereich nicht vorgesehen.

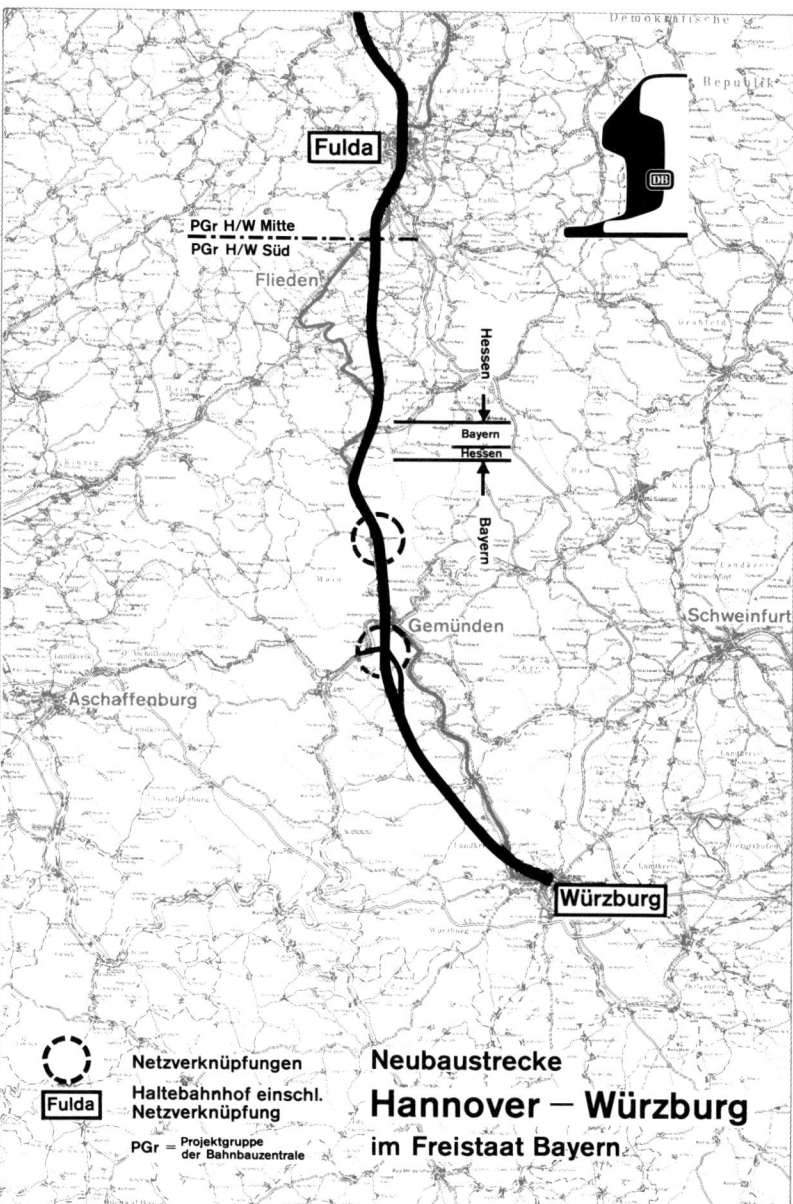

Bild 46: Trassenführung zwischen Fulda und Würzburg

Im *Südabschnitt* schließlich wurden vor allem im Raum Würzburg-Rohrbach zahlreiche Trassenvarianten untersucht (Tafel 5, Seite 19).

Nachdem in den einzelnen Raumordnungsverfahren die Grobtrasse festgelegt wurde, ergaben sich im Zuge der Planfeststellung meist aufgrund von Einsprüchen, teilweise aber auch aus technischen Gründen, Änderungen für den in die Planfeststellung eingebrachten Trassenverlauf. Nur drei Beispiele aus dem Nordabschnitt seien hier vorgestellt. Im übrigen wird auch bei der Streckenbeschreibung auf einige weitere Problempunkte hingewiesen.

Umfahrung der Erdfälle in Beustertal

In dem zum Hildesheimer Wald gehörigen Beustertal, bei dem es sich in tektonischer Hinsicht um einen aus Ablagerungen des Zechsteins bestehenden Sattelkern handelt, gab es wegen der sogenannten Erdfälle (eine Folgeerscheinung der im Untergrund stattfindenden Karstbildung) erhebliche Probleme.

Nachdem aus der landesplanerischen Beurteilung ohnehin Auflagen zur Gradientenabsenkung zu erfüllen waren, wurde die Trasse zugleich noch bis zu 120 Meter nach Westen verlegt. Der im Norden an das Beustertal anschließende Escherberg-Tunnel verlängerte sich dadurch von 2720 auf 3687 Meter und der südlich gelegene Eichenberg-Tunnel von 130 auf 1157 Meter.

Zwei Tunnel anstelle zweier Einschnitte bei Jühnde

Im südlichsten Planungsbereich des Nordabschnittes waren nördlich und südlich des Betriebsbahnhofes Jühnde zwei bis zu 25 Meter tiefe Einschnitte vorgesehen. Zur Verringerung der Eingriffe in die Landschaft sowie zur Schonung eines prähistorischen Gräberfeldes mußte jedoch eine Tunnellösung gewählt werden. So wurden statt der beiden Einschnitte unter Berücksichtigung geologischer, bautechnischer

Bild 47: Gleisverlegung auf der Main-Talbrücke Veitshöchheim. Ausgehend vom Überholbahnhof Burgsinn, wo eine Netzverknüpfung zwischen Neubaustrecke und Nord-Süd-Strecke besteht, begannen 1985 die Gleisverlegearbeiten. Zunächst wurde in Richtung Würzburg, anschließend in Richtung Fulda verlegt.

und wirtschaftlicher Gesichtspunkte der Endelskamp- und Mackenrodt-Tunnel erstellt.

Im Naturpark „Münden" verschmelzen zwei Tunnel zu einem Tunnel

Weiter südlich sollte ursprünglich das zum Naturpark „Münden" gehörende Steinbachtal mit einer Brücke überquert werden. Aus Gründen des Landschaftsschutzes wurde schließlich die Gradiente der Trasse um 30 Meter abgesenkt. Dadurch entfiel die Brückenlösung und die beiderseits geplanten Tunnel, der Mündener Staatsforst-Tunnel und der Lutterberg-Tunnel verschmolzen zum 10525 Meter langen (neuen) Mündener Tunnel.

Streckenverlauf

Nordabschnitt

Der nördliche, 133 Kilometer lange Abschnitt der Neubaustrecke umfaßt den Bereich von Hannover bis zur niedersächsisch-hessischen Grenze im Fuldatal (Bau-Kilometer 133,110). Von Hannover bis Sorsum bei Hildesheim verläuft die Trasse im norddeutschen Tiefland und im restlichen über 100 Kilometer langen Abschnitt im Bereich der Mittelgebirge. Die hier gegebenen topographischen Verhältnisse haben in Verbindung mit den der Streckenplanung zugrundeliegenden Trassierungsparametern einen hohen Anteil an Kunstbauten zur Folge. So sind für den Nordabschnitt 15 Tunnel und 180 Brücken erforderlich, die aneinandergereiht etwa 42 Kilometer ergeben würden.

In den Verlauf des 133 Kilometer langen Nordabschnittes, der teils parallel zur alten Nord-Süd-Strecke, teils fernab von ihr trassiert wurde, ist nur Göttingen als IC(E)-Bahnhof eingebunden. Daneben ist die Neubaustrecke auch noch in die beiden bestehenden Bahnhöfe Hannover-Wülfel und Nörten-Hardenberg einbezogen.

Zur Betriebsführung wird der Nordabschnitt weiterhin mit insgesamt vier Betriebsbahnhöfen (Escherde, Almstedt, Orxhausen und Jühnde) ausgestattet werden.

Auf gemeinsamer Trasse von Hannover bis Rethen

Auf ihrem ersten 12 Kilometer langen Wegstück von Hannover bis Rethen verläuft die Neubau-

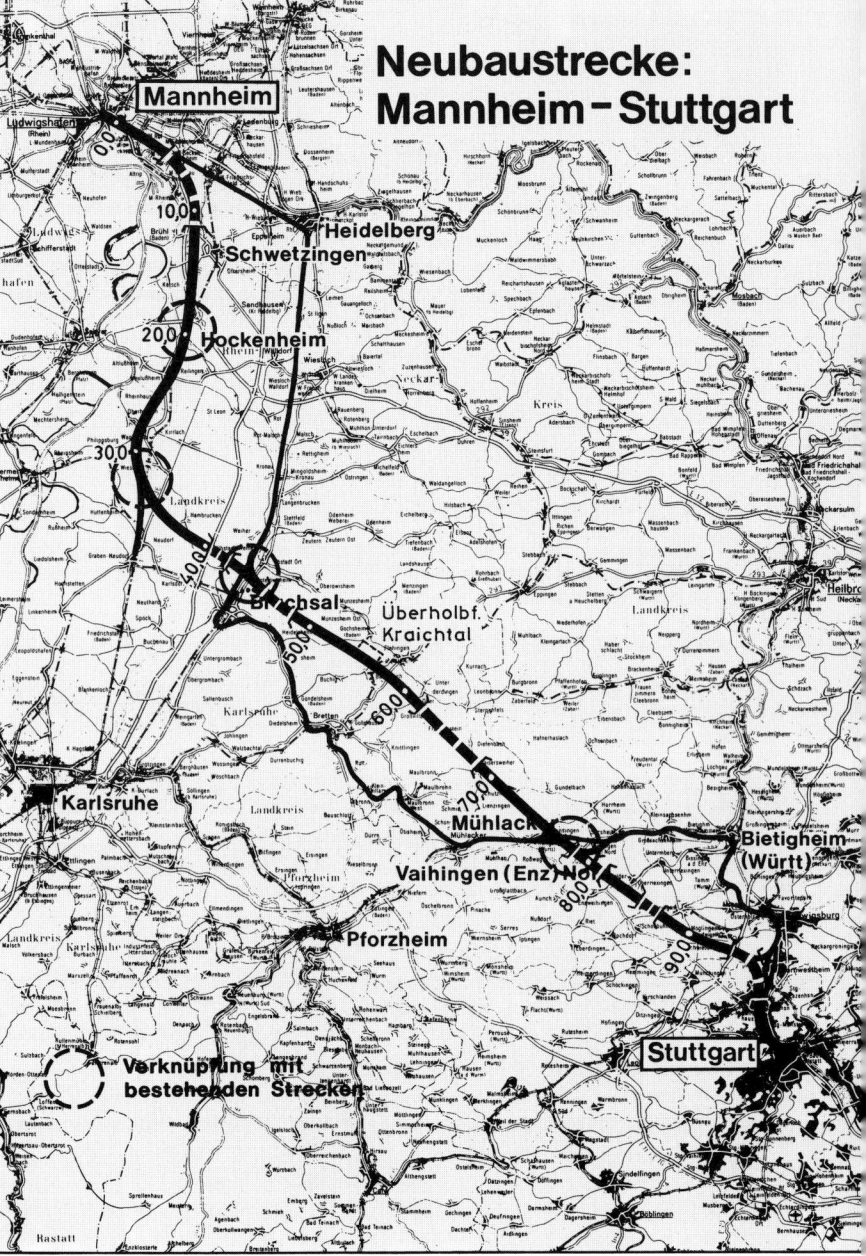

Bild 48: Streckenverlauf der Neubaustrecke Mannheim–Stuttgart

strecke auf gemeinsamer Trasse mit der Nord-Süd-Strecke (Bilder 50 und 51). Entlang dieses bereits seit 1979 in Betrieb befindlichen Streckenabschnittes sind, da er fast ausschließlich durch Baugebiete führt, umfangreiche Schallschutzmaßnahmen getroffen worden.

Durch die südliche norddeutsche Tiefebene von Rethen bis Sorsum bei Hildesheim

Südlich des Bahnhofs Rethen verläßt die Neubaustrecke mit einem Überführungsbauwerk die Nord-Süd-Strecke und durchquert bis Barnten, teils in Damm- teils in Brückenlage, das hochwassergefährdete Mündungsgebiet von Leine und Innerste. Im südlichen Bereich dieses Hochwassergebietes befindet sich bei Giften ein weitgehend ausgebeutetes Kiesgewinnungsgebiet, dessen zusammenhängende Wasserflächen im Zuge des Streckenbaus zu einem Erholungsgebiet ausgestaltet werden. Weiter südlich überquert die Neubaustrecke zwischen Giften und Barnten bei Kilometer 20,86 mit einem 235 Meter langen Kreuzungsbauwerk die Nord-Süd-Strecke und verläuft von da an bis Edesheim auf einer Länge von etwa 35 Kilometern östlich von ihr. Das Landschaftsbild wird in diesem Streckenabschnitt zunächst von den weiten Ackerfluren der Hildesheimer Lößbörde geprägt. Von den einst sehr zahlreichen Windmühlen dieser Landschaft ist noch eine dicht südlich von Barnten in unmittelbarer Nähe der Strecke erhalten geblieben. In betrieblicher Hinsicht ist in diesem Abschnitt der zwischen Kilometer 24,37 und 26,27 in einer leichten Tieflage befindliche Betriebsbahnhof Escherde, der nördlichste aller Betriebsbahnhöfe, zu erwähnen. Über seinen südlichen Teil führt die Strecke Hannover–Hildesheim (KSB 265) hinweg. Nach weiteren 3 Kilometern trifft die Neubaustrecke am südlichen Rande der Lößbörde bei Sorsum (Kilometer 29,497) auf die 3,7 Kilometer lange eingleisige Verbindungsbahn von beziehungsweise zu der kurz vorher unterquerten Strecke.

Entlang der Höhenzüge westlich des Harzes von Sorsum bis Edesheim

Bei Sorsum verläßt die Neubaustrecke die Hildesheimer Lößbörde und durchquert die Höhenzüge im Westen des Harzes, die in geologischer Hinsicht aus verschiedenen Buntsandsteinfolgen, Kalk- und Tonsteinen bestehen. Zur Überwindung der bestehenden Höhenunterschiede be-

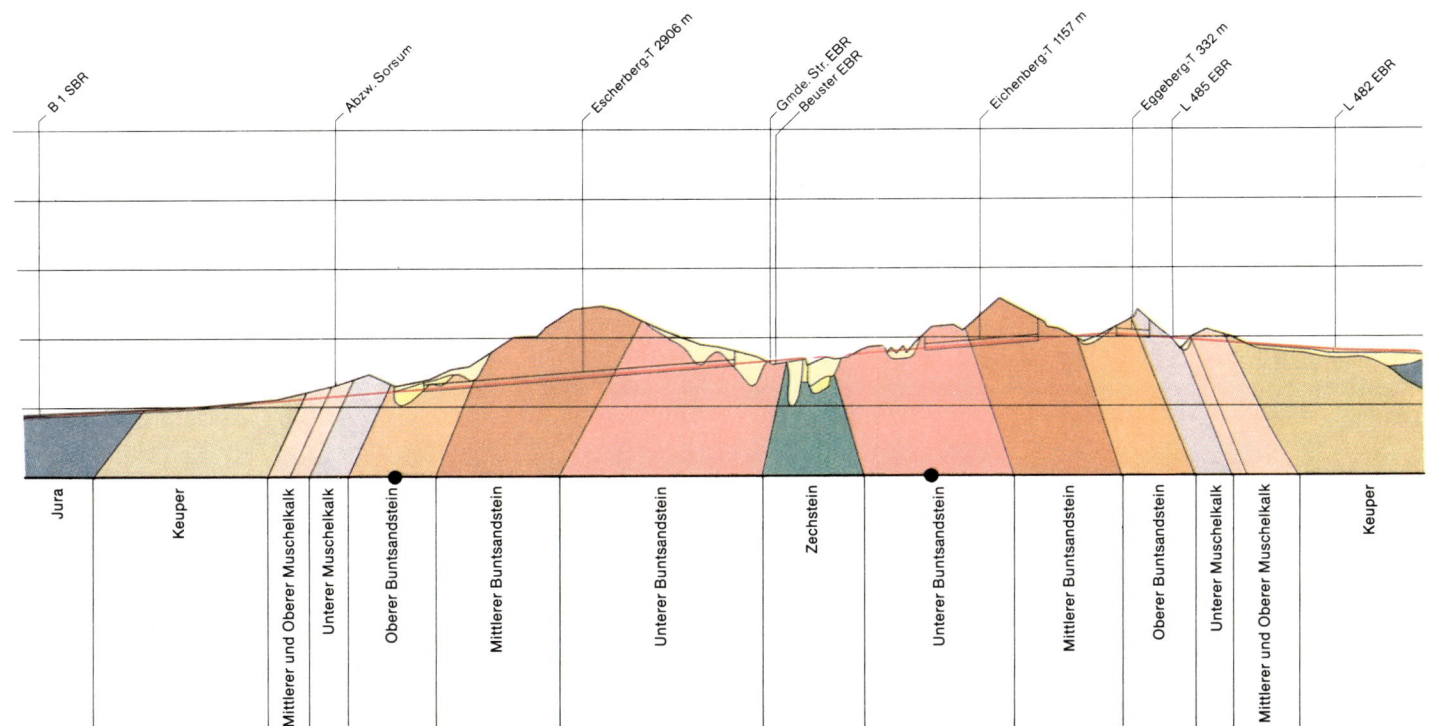

Bild 49: Auf dem Abschnitt zwischen den beiden Überholbahnhöfen Eschede und Almstedt durchschneidet die Trasse der Neubaustrecke eine lückenlose Abfolge von Gesteinsformationen. Die ältesten Formationen (Zechstein) sind im Sattel des Beustertales, die jüngsten am Nord- und Südrand des Hildesheimer Waldes anzutreffen.

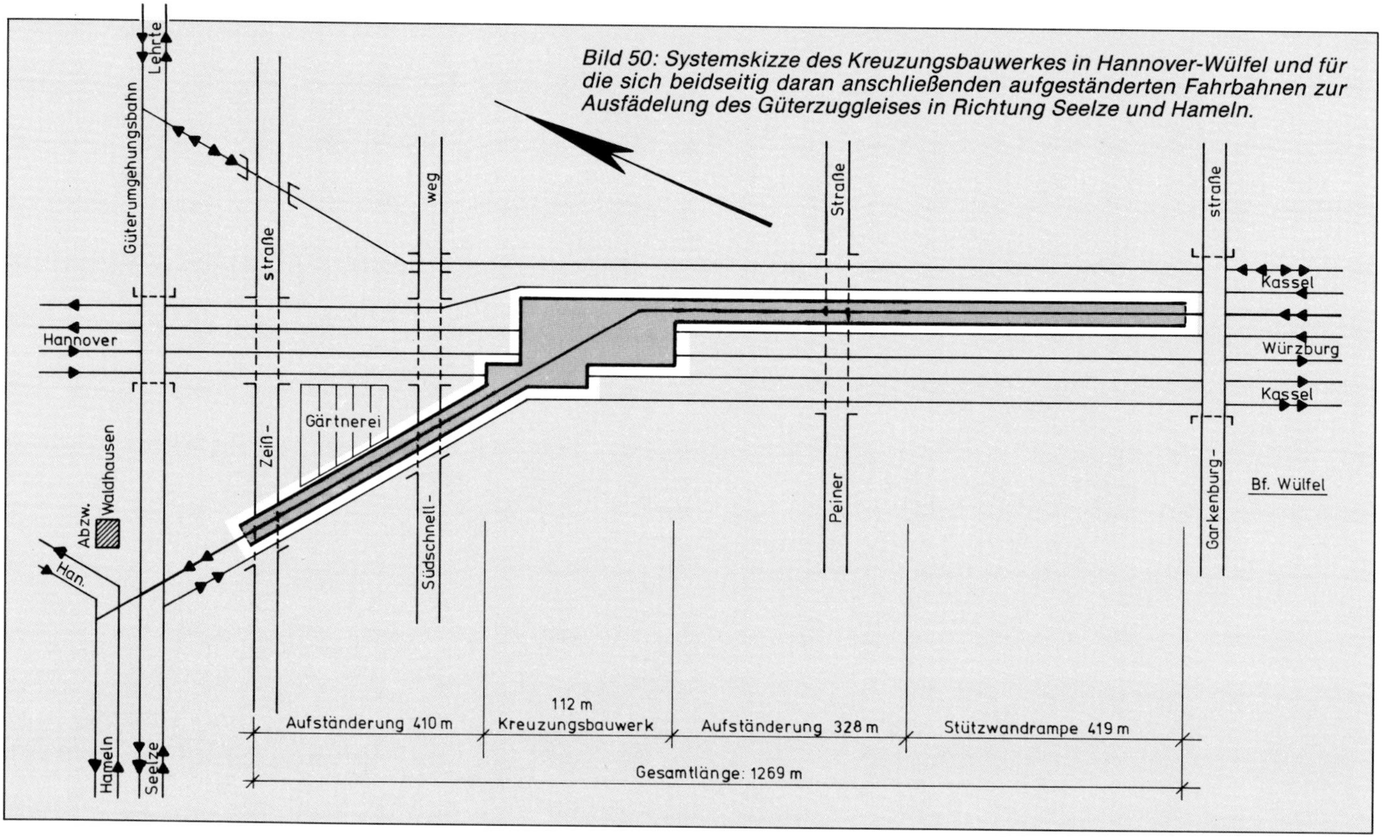

Bild 50: Systemskizze des Kreuzungsbauwerkes in Hannover-Wülfel und für die sich beidseitig daran anschließenden aufgeständerten Fahrbahnen zur Ausfädelung des Güterzuggleises in Richtung Seelze und Hameln.

| Aufständerung 410 m | 112 m Kreuzungsbauwerk | Aufständerung 328 m | Stützwandrampe 419 m |

Gesamtlänge: 1269 m

ginnt die Neubaustrecke schon ab dem südlichen Kopf des Betriebsbahnhofs Escherde auf einer Länge von rund 12 Kilometern von 75 Meter auf 200 Meter über NN anzusteigen. In diesem durch den Hildesheimer Wald führenden Streckenabschnitt befinden sich die beiden nördlichsten der insgesamt 15 Tunnel des Nordabschnittes. Es sind dies der 3687 Meter lange Escherberg- und der auf das in geomorphologischer Hinsicht interessante Beustertal (Bild 49) folgende 1157 Meter lange Eichenberg-Tunnel. Nach Verlassen seines südlichen Voreinschnittes wird nach einer kurzen Dammlage in gut 200 Meter über NN der Scheitelpunkt des ersten Anstiegs erreicht. Im kurzen nördlichen Voreinschnitt des darauffolgenden 332 m langen Eggeberg-Tunnels beginnt die Strecke ohne größere Kunstbauten auf einer Länge von 6 Kilometern bis zum Betriebsbahnhof Almstedt um etwa 50 Höhenmeter abzufallen.

Im Bereich einer auf den Eggeberg-Tunnel folgenden Brücke sowie einer rund 700 Meter langen Einschnittlage verläßt die Strecke nach nunmehr 8 Kilometern das Waldgebiet des Hildesheimer Waldes und erreicht die von Ackerfluren geprägte Sibbesser Senke. Etwa 2 Kilometer süd-

Bild 51: Luftbild zu dem in Bild 50 dargestellten Überwerfungsbauwerk aus südwestlicher Richtung aufgenommen.

(Freig. Präs. d. nieders. Verw.-Bez. Braunschweig Nr. Brg. 5290/1)

lich des Betriebsbahnhofes wird die fruchtbare, teils lößbedeckte Senke wieder verlassen, und die Trasse trifft auf das ebenfalls von der Landwirtschaft geprägte Hügelland von Lampspringe.
Die Überwindung dieses aus Ton- und Mergelsteinen bestehenden Höhenzuges erfordert einen erneuten relativ steilen Anstieg von etwa 160 auf 215 Meter über NN. Dieser etwa 5 Kilometer lange Abschnitt erforderte neben größeren Dämmen und Einschnittsbereichen noch zwei größere Kunstbauten. Als erstes Bauwerk erscheint über NN abzufallen. In geologischer Hinsicht ist dieser im Gefälle gelegene, rund 10 Kilometer lange Streckenabschnitt durch teils sehr steil stehende Wechselfolgen aus Mergel-, Kalk-, Ton-, Sand-, Schluff- und Gipssteinen gekennzeichnet.
Der obere Teil des Gefälleabschnittes verläuft auf einer Länge von etwa 6 Kilometern in flachen Einschnitten oder auf bis zu 20 Meter hohen Dämmen. Obwohl die Landschaft im Bereich dieses Trassenabschnittes von tiefen Kerbtälern ge-

Bild 52: Mit 1056 Meter Länge ist die Aue-Talbrücke die längste im Nordabschnitt

die 690 Meter lange Kassemühle-Talbrücke, die neben einer Landstraße auch die unweit südlich mit dem Bau der Neubaustrecke unterbrochene Nebenbahnlinie Bad Gandersheim–Bad Salzdetfurth überquert. Kurz vor dem Scheitelpunkt der Strecke folgt als zweites Bauwerk der 1322 Meter lange, ursprünglich kürzer geplante Riesenberg-Tunnel.
Ab dem Südportal verläuft die Strecke auf etwa 2 Kilometern mehr oder weniger in horizontaler Richtung, um anschließend im Bereich des Sackwald Vorlandes und des Helleberg-Gebietes bis zu dem im Hügelland bei Kreiensen gelegenen Betriebsbahnhof Orxhausen auf etwa 150 Meter prägt wird, bedurfte es zum Streckenbau keiner größeren Kunstbauten. Um so mehr weist dafür der untere Gefälleabschnitt auf, wo sie in Abständen von weniger als einen Kilometer aufeinander folgen. Als erste Bauwerke erscheinen die 968 Meter lange Ohlenrode-Talbrücke und der 1641 Meter lange, durch den bewaldeten Kamm des gleichnamigen Höhenzuges führende Helleberg-Tunnel. In dichter Folge schließen sich sodann bis zum Betriebsbahnhof Orxhausen die Mahnmilch-Talbrücke (200 Meter), der Wadenberg-Tunnel (420 Meter) und die Gande-Talbrücke (396 Meter) an; letztere führt unter anderem über die Bahnlinie Kreiensen–Goslar (KBS 235) hinweg.

Unmittelbar auf ihr südliches Widerlager folgt schließlich der im Einschnitt gelegene und mit Serviceeinrichtungen ausgestattete Betriebsbahnhof Orxhausen.

Südlich von ihm geht die Gradiente der Neubaustrecke von ihrer nahezu horizontalen Lage in ein etwa 1 Kilometer langes Gefälle über, in dem der 717 Meter lange Hopfenberg-Tunnel liegt. Am nördlichen Widerlager der dicht daraufolgenden 1056 Meter langen Aue-Talbrücke (Bild 52) hat die Gradiente bereits wieder ihre horizontale Lage erreicht, steigt jedoch in der darauffolgenden, etwa 1 Kilometer langen Einschnittslage bis zum Südportal des 1729 Meter langen Sohlberg-Tunnels wieder an. In dieser Einschnittslage durchschneidet die Trasse mehrere geologische Verwerfungslinien. Wegen ihrer unterschiedlichen Farben waren sie während des Streckenbaus teilweise sehr gut zu erkennen (Bild 53).

Mit dem Sohlberg-Tunnel hat die Neubaustrecke die Ahlshausener Berge erreicht. Von den landschaftlichen Reizen dieses dem Mittleren Buntsandstein angehörigen Berglandes mit seinen ausgedehnten Wäldern bekommt der Reisende jedoch kaum etwas zu sehen, da die Trasse in diesem Bereich weitgehend von Tunneln oder Einschnitten geprägt wird. So folgt auf den Sohlberg-Tunnel schon nach etwa einem Kilometer der bereits wieder im Gefälle liegende 2994 Meter lange Krieberg-Tunnel. Nachdem die Neubaustrecke dessen etwa 1 Kilometer langen südlichen Voreinschnitt verlassen hat, erreicht sie bei Edesheim das etwa 130 Meter über NN gelegene Leinetal.

Parallel zur alten Nord-Süd-Strecke durchs Leinetal von Edesheim bis Göttingen

Bei Edesheim trifft die Neubaustrecke seit Barnten erstmals wieder auf die Nord-Süd-Strecke, wo sie sogleich mit einem 500 Meter langen Überführungsbauwerk auf deren Westseite gelangt. Sie verläuft sodann bis Göttingen durch das dicht besiedelte Leinetal und lehnt sich dabei weitgehend an die alte Strecke an. Diese Trassierung ermöglichte in relativ kurzen Abständen zwei Netzverknüpfungen: bei Edesheim und Nörten-Hardenberg (Tafel 17, Seite 43). Weiterhin gestatteten es die günstigen topographischen Verhältnisse des Leinetals, daß auf tiefe Einschnitte, hohe Dämme und größere Kunstbauten verzichtet werden konnte. Die Gradiente der Neubaustrecke verläuft hier zwar weitgehend im Gelän-

Bild 53: Die etwa 1 Kilometer lange Einschnittlage zwischen der Aue-Talbrücke und dem Sohlberg-Tunnel weist insgesamt drei Störzonen (Verwerfungen) zwischen Oberem Buntsandstein und Unterem Muschelkalk auf.

Bilder 54a und b Auffüllung der Kiesteiche bei Edesheim

Bild 55: Im Nordabschnitt der Neubaustrecke sind mehrfach aufgeständerte Fahrbahnen (siehe Tafel 23) in den Trassenverlauf eingebunden. Ihre niedrigen, aus gestalterischen Gründen oft mit Profilierungen versehenen Pfeiler, nehmen – wie der Bau der hier abgebildeten 550 Meter langen Rhumebrücke bei Nordheim erkennen läßt – getrennte (eingleisige) Überbauten auf.

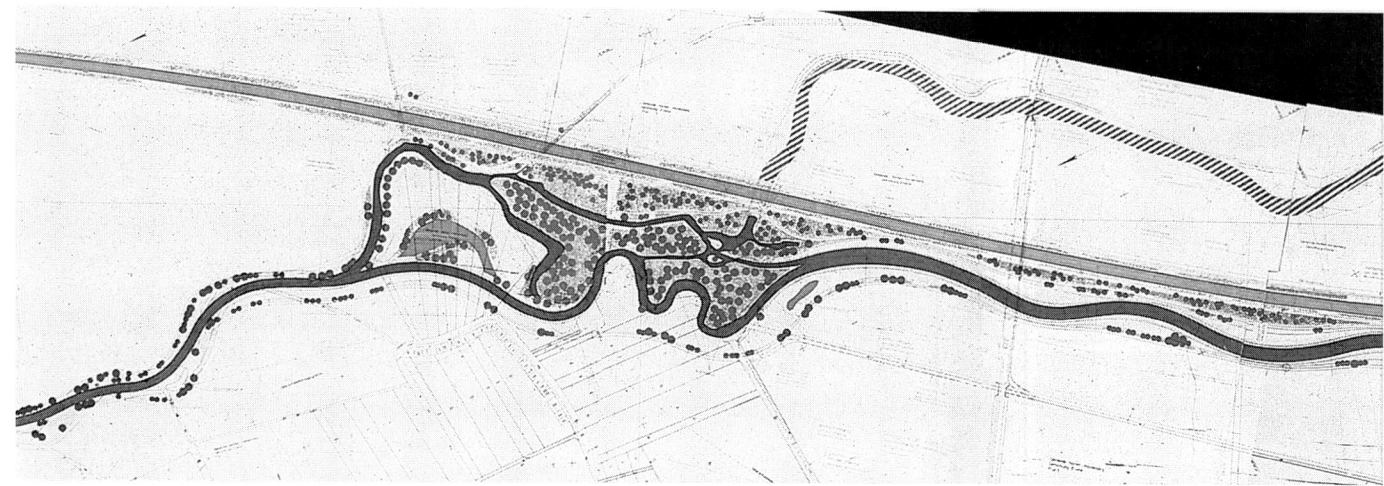

Bild 56: Leineverlegung bei Nörten-Hardenberg nördlich von Göttingen

deniveau, bestenfalls in leichten Dammlagen, dennoch erwies sich der Bahnbau hier nicht problemlos.

Im Abschnitt Edesheim–Nordheim durchquert die Strecke insgesamt fünf Kiesteiche (Bilder 54a und b), die nach Abschluß der Arbeiten teilweise zu einem Wasservogelreservat, teilweise auch zu einem Erholungsgebiet „Northeimer Seenplatte" ausgebaut werden sollen. Mit einer 550 Meter langen Eisenbahnbrücke über die Rhume (Tafel 23 und Bild 55) werden die Seenplatte und der gleichnamige Fluß überquert. Die massiven Brüstungen dieser in Form einer aufgeständerten Fahrbahn ausgeführten Brücke dienen als Schallschutzwände, die gewährleisten, daß der Erholungswert der Seenplatte nicht durch die Schallausbreitung der Züge gemindert wird.

Im weiteren Verlauf durchquert die Neubaustrecke zunächst die teils verfüllten Klärteiche der Nordheimer Zuckerfabrik. Im Bereich der unmittelbar darauffolgenden Unterfahrung der Bahnstrecke Nordheim–Ottbergen (KBS 245) mußte die Trasse der Neubaustrecke zu ihrer hochwasserfreien Führung leicht angehoben werden. Nach kurzer Annäherung an die Nord-Süd-Strecke schwingt sie alsbald wieder etwas ab, um sich dann bei Nörten-Hardenberg abermals an die Nord-Süd-Strecke anzulehnen. In diesem zwischen Elvese und Nörten-Hardenberg gelegenen Streckenabschnitt, mußte die Leine auf einer Länge von etwa 4 Kilometern verlegt werden. Dies war die umfangreichste landschaftsverändernde Maßnahme im Bereich Edesheim–Göttingen (Bild 56).

Ab Nörten-Hardenberg werden Neubaustrecke und Nord-Süd-Strecke im Linienbetrieb parallel bis Göttingen geführt. Ungünstige Baugrundverhältnisse, eine gleichzeitig mit der Neubaustrecken-Planung betriebene Straßenplanung und nicht zuletzt auch Belange der Gemeinde Bovenden erschweren hier den Trassenbau. Im gesamten Abschnitt Edesheim–Göttingen kreuzt die Neubaustrecke zahlreiche Wege und Straßen, so daß allein hier insgesamt 65 Brücken gebaut werden mußten, die unter anderem acht Bahnübergänge ersetzen.

Im nunmehr erreichten Verknüpfungsbahnhof Göttingen werden wie bisher die IC(E)-Züge nach Hannover ihren ersten Halt einlegen. Der alte Bahnhof mußte dazu allerdings in westlicher Richtung um zwei Bahnsteige erweitert werden.

In Tunneln und Einschnitten durch geschützte Landschaften des Weserberglandes zwischen Göttingen und dem Fuldatal

In einer leichten Südkurve verläßt die Neubaustrecke das Stadtgebiet von Göttingen und damit auch das Leinetal, das sie bis hier auf rund 30 Kilometern begleitet hat. Alsbald erreicht sie das aus den gleichen Gesteinsarten wie das Harzer Vorgebirge aufgebaute Weserbergland. Im nördlichen Teil, etwa bis zur Werra, sind es gestörte Abfolgen aus Mergel-, Kalk- und Tonsteinen des Muschelkalkes und des Oberen Buntsandsteines. Im südlichen Teil, also zwischen den Flüssen Werra und Fulda (hier endet der Nordabschnitt), handelt es sich ausschließlich um Gesteine des Mittleren Buntsandsteines.

Nachdem die Neubaustrecke die Nord-Süd-Strecke bei Göttingen verlassen hat, beginnt erstmals nach rund 35 Kilometern wieder ein Steigungsabschnitt, in dessen Verlauf die Strecke auf einer Länge von gut 10 Kilometern von 150 auf etwa 280 Meter über NN ansteigt. Dieser 12,5 Promille steile Anstieg beginnt mit einer Dammlage am südlichen Stadtrand von Göttingen, ist jedoch hier von der dortigen Bebauung durch einen großzügig angelegten Lärmschutzwall abgeschirmt. Diese Dammlage erstreckt sich bis dicht südlich der Grundbach-Talbrücke, wobei die A7 als größerer Verkehrsweg überquert wird. Nunmehr erreicht die Trasse die unter Landschaftsschutz stehenden Ausläufer des Leineberglandes. Von ihnen wird der Reisende nur wenig zu sehen bekommen, da die Strecke ab der Grundbach-Talbrücke bis zu dem im Scheitelpunkt auf der Dransfelder Hochfläche gelegenen Betriebsbahnhof Jühnde ausnahmslos in mehr oder weniger tiefen Einschnitten (Bild 57) oder Tunneln verläuft. So erforderte dieser zur Dransfelder Hochfläche hinaufführende Streckenabschnitt neben der 450 Meter langen Grundbach-Talbrücke noch zwei weitere Kunstbauten: den Großen Leinebusch-Tunnel (1740 Meter) und den Endelskamp-Tunnel (673 Meter). Nach dem Endelskamp-Tunnel wird zwischen den Kilometern 111 und 113 der sich an einen Waldbestand anlehnende Betriebsbahnhof Jühnde erreicht, der zugleich der am höchsten gelegene Punkt der Neubaustrecke im Nordabschnitt ist. Unmittelbar auf den südlichen Bahnhofskopf folgt der 849 Meter lange Mackenrodt-Tunnel, an dessen

Bild 57: Einschnittslage bei Mengershausen

Nordportal ein etwa 8 Kilometer langes Gefälle einsetzt, in dessen Verlauf die Gradiente bis zur Werra-Talbrücke um etwa 105 Höhenmeter von 285 auf 180 Meter über NN abfällt. An den erwähnten Mackenrodt-Tunnel schließt sich ein etwa 900 Meter langer, im gleichnamigen Wald gelegener Einschnitt an, gefolgt vom 5211 Meter langen Rauheberg-Tunnel (Bilder 58 und 59).

Im Bereich dieses Tunnels, der etwa 900 Meter nördlich der Werra-Talbrücke (Bild 60) endet, erreicht die neue Bahntrasse den Naturpark „Münden", der sie bis zum Südende des nördlichen Streckenabschnittes auf einer Länge von etwa 27 Kilometern begleitet. Jedoch nur auf einer Länge von weniger als 2 Kilometern tritt die Neubaustrecke in ihm offen zutage. Den längsten

Bild 58: Geologische Verhältnisse im Bereich des Rauheberg-Tunnels

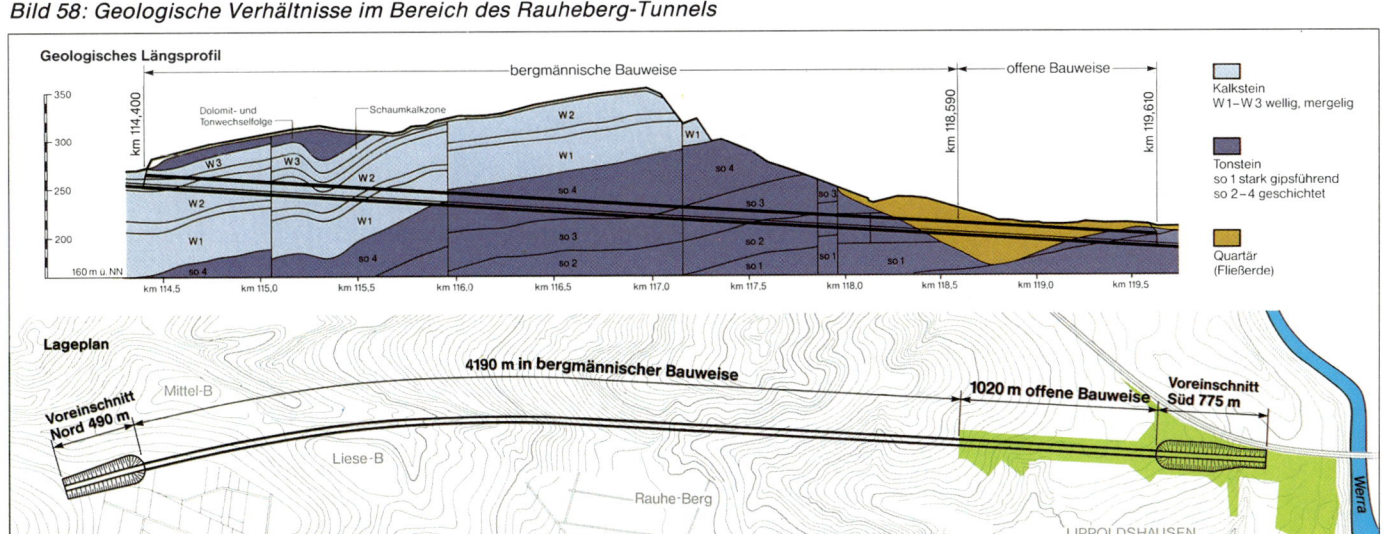

Bild 59: Blick von Süden auf den Voreinschnitt des Rauheberg-Tunnels

offenen Abschnitt stellt die Werraquerung dar, wo die Strecke auf die Autobahn A7 trifft. Da beide Verkehrswege hier in Parallellage das Werratal überqueren, war die Gestaltung der Talbrücke Gegenstand umfangreicher Untersuchungen und Planungen.
Schon wenige Meter nach der Werra-Talbrücke (415 Meter) wird der nächste Tunnel, der 10525

Bild 60: Bau der Werra-Talbrücke

Meter lange Mündener Tunnel erreicht. In diesem zweitlängsten Tunnel der gesamten Neubaustrecke verändert die Gradiente ihre Höhenlage nur um wenige Meter: Auf den ersten beiden Kilometern steigt die Tunnelgradiente von 180 auf etwa 190 Meter über NN an und fällt dann bis zu seinem Südportal um etwa 15 Meter ab. Im Tunnelbereich unterfährt die Neubaustrecke die zum Kaufunger Wald gehörigen Staatsforste Kattenbühl und Minden, die Hochebene von Lutterberg sowie zweimal die schon erwähnte A7. Un-

Bild 61: Blick auf die Fulda-Talbrücke Kragenhof und das Südportal des Mühlenkopf-Tunnels

mittelbar auf das Südportal des Tunnels folgt das bewaldete Ickelsbachtal, das mit einem etwa 300 Meter langen Damm überquert wird. Von hier aus wird dem Reisenden nochmals für einige Sekunden ein Ausblick auf den Naturpark möglich sein. Sodann verschwindet die Strecke abermals in einem Tunnel, dem 1346 Meter langen Mühlenkopf-Tunnel, dessen Südportal praktisch mit dem nördlichen Widerlager der Fuldabrücke bei Kragenhof (Bild 61) zusammenfällt. An dieser nördlichsten der insgesamt vier Fuldabrücken endet der Nordabschnitt der Neubaustrecke.

Mittelabschnitt

Der Mittelabschnitt der Neubaustrecke erstreckt sich von der niedersächsisch-hessischen Grenze im Fuldatal bei Kragenhof (Bau-Kilometer 133,110/140,129) bis zur südlichen Fliede-Talbrücke, etwa 10 Kilometer südlich des Bahnhofs Fulda (Bau-Kilometer 229,300). Im Norden beziehungsweise im Süden des insgesamt 111 Kilometer langen Abschnittes sind die beiden Städte Kassel und Fulda in die Strecke eingebunden, und nur hier bestehen Verbindungen zum vorhandenen Netz. In dem dazwischenliegenden 80 Kilometer langen Streckenabschnitt führt die Neubaustrecke durch die weitgehend bewaldete osthessische Mittelgebirgslandschaft, bestehend aus Mittlerem Buntsandstein mit Ton- und Sandstein-Wechselfolgen, in denen häufig ausgeprägte Störzonen anzutreffen sind (Bild 62). Diese Streckenführung ergab sich dadurch, daß die wenigen in Nord-Süd-Richtung orientierten Talsenken, die für eine großzügig trassierte zweigleisige Strecke geeignet wären, stark besiedelt sind. Deshalb mußte auf siedlungsschwache Bereiche des Mittelgebirges ausgewichen werden. Der so gefundene Streckenverlauf erforderte neben einer dreimaligen Querung des Fuldatales zwischen Kassel und Fulda nicht weniger als 24 Tunnel mit zusammen 45 Kilometer Länge. Wegen dieses hohen Tunnelanteiles bedeutete der

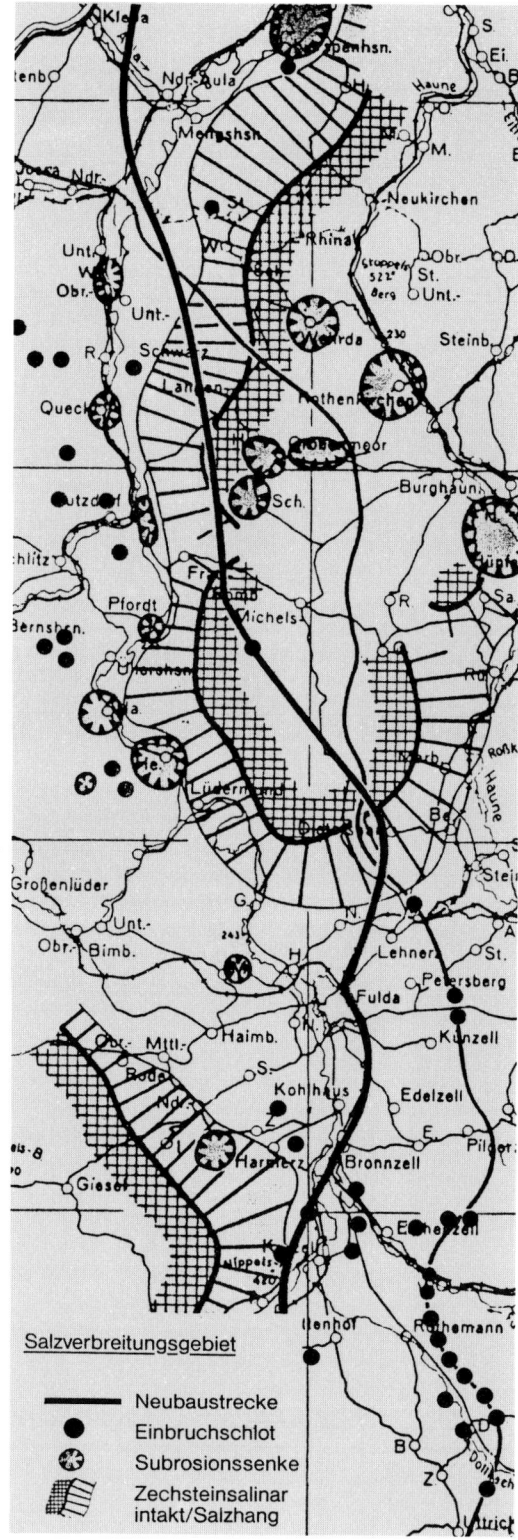

Bau der neuen Strecke nur einen verhältnismäßig geringen Eingriff in die großen Waldgebiete im Trassenbereich.

In den gesamten 80 Kilometer langen Streckenabschnitt sind zur Überquerung des Fuldatales beziehungsweise seiner Seitentäler weiterhin 18 größere Talbrücken mit zusammen fast 12 Kilometer Länge eingebunden. Damit setzt sich der zwischen den beiden IC(E)-Bahnhöfen Kassel-Wilhelmshöhe und Fulda befindliche Streckenabschnitt zu zwei Dritteln aus Kunstbauten zusammen. Auch insgesamt ergibt sich für den Mittelabschnitt wegen der starren Trassierungsparameter ein hoher Anteil an Kunstbauten. 22 große Talbrücken mit einer Gesamtlänge von 13,7 Kilometern sowie 27 Tunnel mit zusammen 49,0 Kilometer Länge sind zu verzeichnen. Mehr als die halbe Strecke, nämlich 55 Prozent, besteht somit aus Kunstbauten (Tafel 11, Seite 27). Die für diesen Streckenabschnitt erforderlichen Betriebsbahnhöfe konnten daher nur an Zwangspunkten errichtet werden.

Von Fuldabrücke zu Fuldabrücke durchs Stadtgebiet von Kassel

Mit der Fuldabrücke bei Kragenhof (249 Meter) wird somit neben dem Mittelabschnitt zugleich auch hessisches Gebiet erreicht. Da hier die Trasse der neuen Schnellbahn bereits rund 100 Meter an die Strecke Eichenberg–Kassel (KBS 250) heranreicht, wurde in Anlehnung an die Brückenkonstruktion der bestehenden Strecke ebenfalls eine Fachwerkbrücke entworfen – übrigens die einzige dieser Art aller Neubaustrecken-Brücken.

Im weiteren Verlauf lehnt sich die Neubaustrecke in etwa an diese Strecke an. In wechselndem Abstand zur alten Strecke führt sie zunächst durch die mit Laubwäldern bestandenen Ausläufer des Kaufunger Waldes, dessen stark bewegtes Relief neben kürzeren Einschnitten und Dämmen auch den Bau eines Tunnels, des 563 Meter langen Lohberg-Tunnels, erforderte.

Bild 62: Schwierige Gebirgsverhältnisse im Mittelabschnitt der Strecke Hannover–Würzburg. Die geologischen Schichten, durch die die neue Trasse im Mittelabschnitt verläuft, zählen vorwiegend zum Buntsandstein. Darunter lagern in 400 bis 700 Meter Tiefe Zechsteinformationen, die von bis zu 300 Meter dicken Flözen des Werra-Steinsalzes durchzogen sind. Dort, wo sich Spalten gebildet haben und Grundwasser bis in die Zechsteinzone vorgedrungen ist, hat es teilweise das wasserlösliche Gestein ausgelaugt. Setzungen, die sich bis an die Oberfläche fortsetzen, sind die Folge.

Etwa 500 Meter südlich dieses Tunnels beginnt im Bahnhof Ihringhausen die im gesamten Stadtgebiet von Kassel auf einer Länge von rund 15 Kilometern bestehende Parallellage zu bestehenden Gleisanlagen. Mit einem 484 Meter langen tunnelartigen Kreuzungsbauwerk, in das sich der Lohberg-Tunnel fortsetzt, wird die Neubaustrecke zunächst mittig zwischen die beiden Gleise der alten Strecke eingeführt. Ihr in Richtung Kassel verlaufendes Gleis wird nach etwa 2 Kilo-

Bild 63: Der neue Bahnhof Kassel-Wilhelmshöhe

metern zur Ostseite der Neubaustrecke überführt, so daß beide Strecken nunmehr nebeneinander verlaufen. Nachdem die neue Strecke am Nordendweg die Güterzugbahn Obervellmar–Kassel-Rangierbahnhof unterquert hat, lehnt sich ihr Verlauf bis zur Unterquerung der Fernbahn (KBS 340) an diesen Rangierbahnhof an. Sie fädelt sich sodann zusammen mit Gütergleisen in die Trasse der aus dem Kasseler Hauptbahnhof kommenden Main-Weser-Bahn ein, um nach etwa 2 Kilometern den neuen Verknüpfungs- beziehungsweise IC(E)-Bahnhof Kassel-Wilhelmshöhe zu erreichen (Bild 63). Die Neubaustrecke führt somit nicht mehr zum alten Kopfbahnhof, da er einen aufwendigen Lokwechsel zur Folge hätte.

Südlich des Bahnhofes verläuft die Neubaustrecke zunächst weiter auf der Westseite der Main-Weser-Bahn, wird dann beim Kreuzungsbauwerk „Leuschnerstraße" über das in Richtung Frankfurt verlaufende Main-Weser-Bahngleis überführt und liegt nunmehr mittig zwischen den Gleisen der alten Strecke (Bilder 64a und b). Bereits nach etwa 2 Kilometern wird zur Ausfädelung der beiden Strecken mit dem Kreuzungsbauwerk „Oberzwehren" wieder die vorherige Gleisführung hergestellt. In der nun für die neue Strecke folgenden etwa 600 Meter langen Tieflage, in der das Stadtgebiet von Kassel verlassen wird, weist die Streckengradiente einen Scheitelpunkt auf, so daß der darauffolgende 1592 Meter lange Rengershäuser Tunnel im Gefälle liegt. Dicht vor seinem zum Fuldatal hin geöffneten Südportal wird die Main-Weser-Bahn unterfahren; etwa an der gleichen Stelle erreicht die Neubaustrecke ihre tiefste Lage im gesamten Mittelabschnitt. Bedingt durch eine verhältnismäßig geringe Reliefenergie bewegt sich die Gradiente der Neubaustrecke zwischen diesen beiden Fuldakreuzungen nur zwischen 160 und 190 Meter über NN.

Bilder 64a (oben) und b (unten): Im Süden von Kassel verläuft die Neubaustrecke zwischen den beiden Kreuzungsbauwerken „Leuschnerstraße" und „Oberzwehren" mittig zur Main-Weser-Bahn. Zu ihrer Ausfädelung muß die Neubaustrecke bei Oberzwehren über das Main-Weser-Bahngleis Frankfurt–Bebra überführt werden. Bild 64a zeigt diesen Streckenabschnitt im Bauzustand. Einen Eindruck von seiner späteren landschaftsgerechten Einbindung durch umfangreiche Ausgleichsmaßnahmen vermittelt Bild 64b.

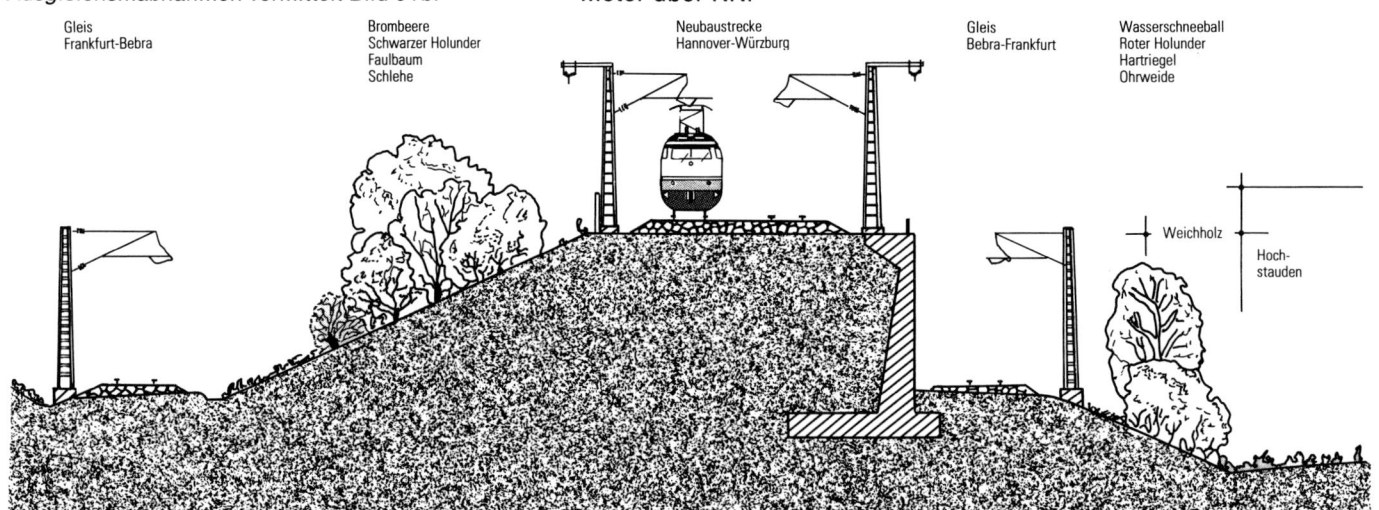

Bild 65: Offene Bauweise beim Erbelberg-Tunnel

Bild 66: Ansicht der wegen Salzauslaugungen im Untergrund schwer gründbaren Schwarzbach-Talbrücke

Durch Tunnel und über Brücken durch das Hessische Bergland zwischen Kassel und Fulda

Abschnitt Fuldabrück–Morschen

Nachdem die Neubaustrecke bei Fuldabrück die dortige 422 Meter lange Talbrücke erreicht hat, beginnt ihre Gradiente mit 12,5 Promille anzusteigen. Dieser rund 8 Kilometer lange, bis zum Betriebsbahnhof Körle reichende Streckenabschnitt erforderte insgesamt vier größere Kunstbauten. Es sind dies der Dörnhagen-Tunnel (739 Meter), die Schwarzenbach-Talbrücke (660 Meter), der Kehrenberg-Tunnel (2400 Meter) und die Trockene Mühlmisch-Talbrücke (280 Meter), die jeweils durch tiefe Einschnitte oder durch hohe Dämme voneinander getrennt sind. So ist auch der zwischen zwei Talbrücken am Rande eines größeren Waldgebietes gelegene Bahnhof Körle teils in Dammlage, teils in einem bis zu 25 Meter tiefen Einschnitt errichtet worden.

Bis zur nächsten, noch etwa 13 Kilometer entfernten Querung des Fuldatales bei Morschen verändert sich die Höhenlage der Strecke nur noch verhältnismäßig wenig. Die weitgehend durch Waldgebiete führende Trasse besteht fast ausschließlich aus Kunstbauten. Als erstes Bauwerk erscheint dicht südlich des Bahnhofes Körle die Mühlmisch-Talbrücke (870 Meter). In jeweils kurzen Abständen folgen dann: Erbelberg-Tunnel (200 Meter) (Bild 65), Breitenbach-Talbrücke (440 Meter), Hainbuch-Tunnel (1520 Meter), Kaiserau-Tunnel (1861 Meter), Kehrenbach-Talbrücke (308 Meter), Weltkugel-Tunnel (1641 Meter), Pfieffe-Talbrücke (812 Meter) und Wildsberg-Tunnel (2708 Meter).

Im Streckenabschnitt zwischen der Breitenbach- und Pfieffe-Talbrücke geht der im Süden von Kassel eingeschlagene leicht südöstliche Trassenverlauf in einen rund 50 Kilometer langen nord-süd-gerichteten Verlauf über. Etwa 15 Kilometer nördlich von Fulda, bei Frauenrombach, schwenkt die Trasse wieder nach Südosten ein.

Abschnitt Morschen–Solms

Sobald die Neubaustrecke in etwa 220 Meter über NN am Südportal des Wildsberg-Tunnels bei Morschen wieder das Fuldatal erreicht hat, an dessen nördlicher Talflanke die Bahnlinie Kassel–Fulda verläuft (KBS 500), beginnt zur Überwindung des zwischen den beiden Fuldatalquerungen bei Morschen und Solms gelegenen Höhenrückens ein 12,5 Promille steiler Anstieg der Gradiente. Nach etwa 14 Kilometern erreicht sie in 375 Meter über NN einen Scheitelpunkt und fällt dann bis zur nächsten Fuldatalquerung wieder bis auf 225 Meter über NN ab. Wie der vorherige, bis Morschen reichende Streckenabschnitt, so erfordert auch die Überwindung dieses Höhenrückens zahlreiche Kunstbauten, wobei die größeren Waldgebiete wiederum in der Regel von Tunneln unterfahren werden.

Nachdem die Strecke mit der 1450 Meter langen Fulda-Talbrücke das Tal bei Morschen in 70 Meter Höhe überquert hat (Bild 67), folgen dicht aufeinander zwei größere Kunstbauten: der 2807 Meter lange Sengeberg-Tunnel und die 390 Meter lange Heidelbach-Talbrücke. Die Gradiente der Neubaustrecke steigt dann auf einer Länge von 2,5 Kilometern weiter über Dämme und Einschnitte an. In diesem Streckenabschnitt liegt der nur halbseitig ausgeführte Betriebsbahnhof Licherode. Noch im Steigungsabschnitt folgen der 2834 Meter lange Mühlberg-Tunnel, und nach einem kurzen offenen Streckenabschnitt, der 5370 Meter lange Hainrode-Tunnel, der zweitlängste im mittleren Abschnitt. Etwa in Tunnelmitte erreicht die Gradiente in 375 Meter über NN den erwähnten Scheitelpunkt, der zugleich die höchste Stelle des Mittelabschnitts darstellt.

Im weiteren, rund 20 Kilometer langen Verlauf fällt die Trasse der Neubaustrecke in zwei Stufen um 150 Meter bis zum Fuldatal ab, wobei mehrmals – meist in Tunnelbereichen – die Autobahnen E 4 und E 70 gekreuzt werden. Nur verhältnismäßig kurze Erdbauten – hohe Dämme oder tiefe Einschnitte – trennen in diesem Abschnitt die größeren Kunstbauten. Der Reihe nach sind dies: Mühlbach-Tunnel (1697 Meter), Schmitteberg-Tunnel (321 Meter), Geisbach-Talbrücke (396 Meter), Erzebach-Talbrücke (308 Meter), Kalter-Sand-Tunnel (1043 Meter), Eckerteroder-Talbrücke (75 Meter), Schickeberg-Tunnel (1463 Meter), Krämerskuppe-Tunnel (838 Meter), Wälsebach-Talbrücke (721 Meter) (Bild 68), Kirchheim-Tunnel (3820 Meter), Aula-Talbrücke (880 Meter), Hattenberg-Tunnel (444 Meter), Hattenbach-Talbrücke (308 Meter) und Warteküppel-Tunnel (835 Meter).

Auf der Geisbach-Talbrücke beginnt die Trasse nochmals vorübergehend bis zu dem zwischen

Bild 67: Die Fulda-Talbrücke bei Morschen

Bild 68: Bau der Wälsebach-Talbrücke

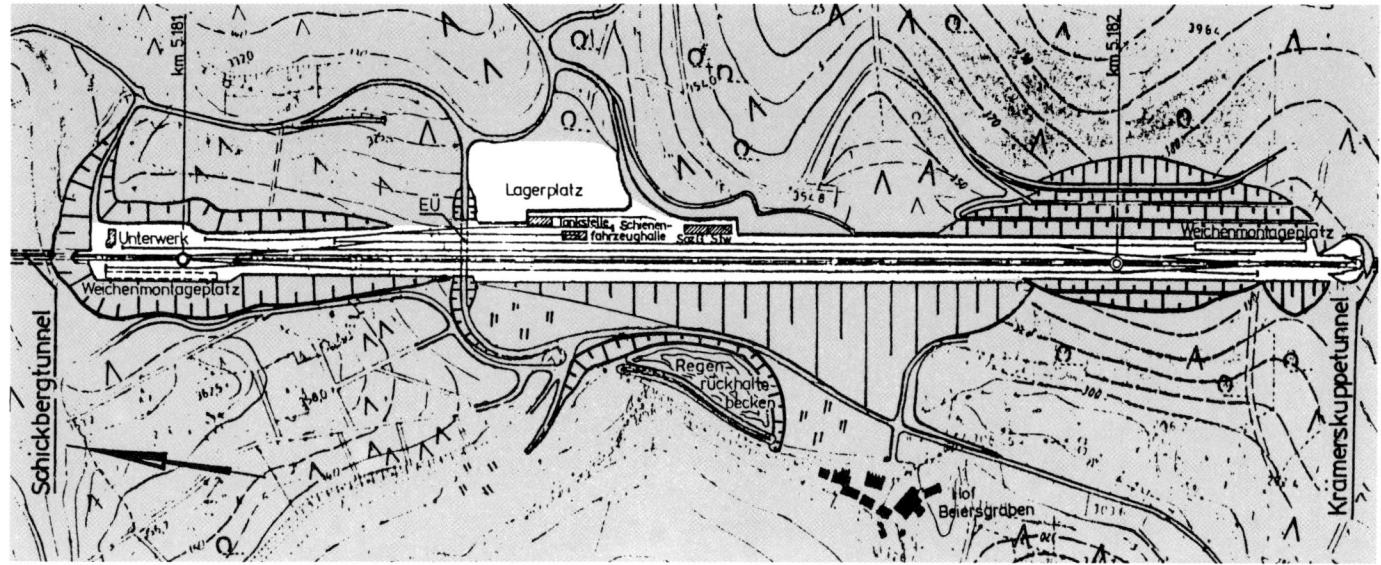
Bild 69: Lageplan des Betriebsbahnhofes Kirchheim-Nord

dem Schickeberg- und Krämerskuppe-Tunnel gelegenen Scheitelpunkt um etwa 25 Meter anzusteigen. In seinem Bereich liegt, umgeben von bewaldeten Kuppen und begrenzt von zwei Tunneln, der Betriebsbahnhof Kirchheim-Nord (Bild 69). Dieser teils auf bis zu 30 Meter hohen Dämmen, teils in einem bis zu 45 Meter tiefen Einschnitt befindliche Bahnhof ist wiederum mit Einrichtungen für die Streckenfernsteuerung und Streckenunterhaltung ausgestattet.

Abschnitt Solms—Fulda

Etwa in der Mitte der auf den Warteküppel-Tunnel unmittelbar folgenden 1628 Meter langen Fulda-Talbrücke bei Solms, die die längste aller Brücken beider Neubaustrecken darstellt, liegt in etwa 225 Meter über NN der tiefste Punkt der Strecke im Hessischen Bergland. Ab Brückenmitte beginnt die Trasse zur Überwindung eines Höhenrückens abermals mit 12,5 Promille auf etwa 370 Meter über NN anzusteigen, wobei wiederum etwa die halbe Streckenlänge von Kunstbauten eingenommen wird.

Zuerst trifft die Strecke auf den 3510 Meter langen Richthof-Tunnel und anschließend auf die schwer gründbare Schwarzbach-Talbrücke (748 Meter) (Bild 66), an die sich der 796 Meter lange Dornbusch-Tunnel anschließt, dessen Südportal etwa mit dem Ende des Anstiegs zusammenfällt (Bild 70).

Bereits im dazugehörigen Voreinschnitt beginnt der in einem leicht hügeligen und bewaldeten Gelände sowohl in Damm- als auch in Einschnittlage errichtete Betriebsbahnhof Langenschwarz. Unmittelbar auf ihn folgen in kurzen Abständen der Witzelshöhe-Tunnel (557 Meter) und der Eichberg-Tunnel (976 Meter). Anschließend beginnt der Trassenverlauf in eine südöstliche Richtung einzuschlagen, wobei nach etwa einem Kilometer und unter erneutem Anstieg die höchste aller Talbrücken, die 95 Meter hohe Rombach-Talbrücke (Bild 71), erreicht wird. An ihr südliches Widerlager schließt sich bereits der Voreinschnitt des nächsten Tunnels, des 387 Meter langen Ganzberg-Tunnels an. Auf ihn folgt eine etwa 3 Kilometer lange, von Dämmen und Einschnitten gekennzeichnete Erdbaustrecke am Ostrand eines Waldgebietes. In ihrem Bereich weist die Streckengradiente in 370 Meter über NN einen Scheitelpunkt auf, an den sich eine etwa 16 Kilometer lange, bis zum Süden von Fulda reichende Gefällstrecke anschließt. In ihrem nördlichen Teil befindet sich der längste Tunnel des Mittelabschnittes, der 7375 Meter lange Dietershan-Tunnel, der auf seiner gesamten Länge ein geschlossenes Waldgebiet unterfährt, welches dadurch vom Bahnbau verschont blieb. Im Tunnelbereich fällt die Gradiente zunächst nur mit 4, dann aber mit 11,2 Promille ab. Etwa 200 Meter nach dessen Südportal trifft die Neubaustrecke nach einem rund 120 Kilometer langen Verlauf wieder auf die alte Strecke.

Bild 70: Blick vom Nordportal des Dornbusch-Tunnels über die Schwarzbach-Talbrücke zum Richthof-Tunnel

Bild 71: Die Rombach-Talbrücke ist mit nahezu 100 Meter Höhe die höchste Brücke der beiden Neubaustrecken.

Auf gemeinsamer Trasse durch Fulda

Mit einem tunnelähnlichen Überwerfungsbauwerk fädelt sich die Neubaustrecke im Norden von Fulda in die alte Trasse beziehungsweise in den Bahnhof ein (Bild 72) und behält dann bis etwa zur südlichen Stadtgrenze von Fulda diese Parallellage bei. Südlich des Fuldaer Rangierbahnhofes überquert die Neubaustrecke zum fünften und letzten Mal die Fulda, die hier nur noch ein fast unscheinbares Brückenbauwerk erforderte. Bei der kurz darauf folgenden 240 Meter langen Fliede-Talbrücke trennen sich wieder die Wege beider Strecken. Während die Neubaustrecke in südlicher Richtung weiterverläuft, schwenkt die Nord-Süd-Strecke leicht nach Osten aus. Im anschließenden 714 Meter langen Sulzhof-Tunnel mit seinen zwei relativ tiefen Voreinschnitten durchschneidet die Neubaustrecke einen Bergrücken und überquert mit zwei 880 und 628 Meter langen Brückenbauwerken (Nördliche und Südliche Fliede-Talbrücke) das Fliedetal und die nunmehr in südwestlicher Richtung verlaufende Nord-Süd-Strecke. Am südlichen Widerlager der zweiten Brücke endet bei Sulzhof der 111 Kilometer lange Mittelabschnitt.

Südabschnitt

Der 83 Kilometer lange und auf einer Länge von 58 Kilometern zu Bayern gehörige Südabschnitt beginnt 8 Kilometer südlich des Bahnhofs Fulda im Anschluß an die Südliche Fliede-Talbrücke (Bau-Kilometer 229,300/227,744).

Im Südabschnitt verläuft die Neubaustrecke etwa auf zwei Drittel ihrer Länge im Hügelland beziehungsweise im Mittelgebirge fernab der alten Strecke. Im restlichen, weitgehend auf das Sinntal beschränkten Streckenbereich verlaufen beide Strecken auf gemeinsamer Trasse oder nur in geringer Entfernung voneinander. Ebenso wie die beiden vorherigen Abschnitte weist auch der Südabschnitt viele Kunstbauten auf. 19 Tunnel mit einer Gesamtlänge von 39 Kilometern und 45,

Bild 72: Zur Einfädelung der Neubaustrecke im Norden von Fulda werden die Neubaustrecken-Gleise mit dem Kreuzungsbauwerk Nord unter dem aus Göttingen kommenden Gleis der Nord-Süd-Strecke hindurchgeführt.

zusammen 8 Kilometer lange Brücken hat der Bau dieses Abschnittes erfordert. Mit einer Länge von 10779 Metern ist der Landrückentunnel jetzt der längste aller deutschen Eisenbahntunnel, in dem zugleich die mitteleuropäische Hauptwasserscheide unterfahren wird.

Zur Betriebsführung dienen drei Betriebsbahnhöfe. Während der nördlichste von ihnen, der Betriebsbahnhof Mottgers, dem Grundschema entspricht, ist der mittlere, der Betriebsbahnhof Burgsinn, an die alte Nord-Süd-Strecke angeschlossen. Im Bahnhof Rohrbach wird künftig eine Verbindung zur Strecke Aschaffenburg bestehen (Nantenbacher Kurve).

Überwindung der Wasserscheide zwischen Weser und Main

Zur Überwindung der im Landrücken gelegenen Hauptwasserscheide beginnt die Neubaustrecke bereits vor der Südlichen Fliede-Talbrücke, also noch im Mittelabschnitt, mit einer Steigung von 12,5 Promille bis zur Kalbach-Talbrücke von 300 auf etwa 390 Meter über NN anzusteigen. Im dazwischengelegenen, etwa 13 Kilometer langen Streckenbereich befinden sich drei Tunnel: Hartberg- (752 Meter), Kalbach- (1286 Meter) und Bornhecke-Tunnel (773 Meter), deren Vordereinschnitte lückenlos aufeinanderfolgen.

Am südlichen Widerlager der Kalbach-Talbrücke (364 Meter) erreicht die Gradiente einen Scheitelpunkt, der mit 386 Meter über NN zugleich der am höchsten gelegene Punkt der gesamten Neubaustrecke ist. Unmittelbar auf dieses Brückenbauwerk folgt der 10779 Meter lange Landrückentunnel, in dem die Strecke die vorerwähnte Wasserscheide zwischen Main und Weser unterquert. Im gesamten Tunnelbereich, der bereits wieder im Gefälle liegt, senkt sich die Gradiente um über 100 Meter auf etwa 270 Meter über NN ab. Nach Verlassen des Südportals (Bilder 73a und b) trifft die Trasse der Neubaustrecke im Bereich der sich daran anschließenden 427 Meter langen Sinntal-Talbrücke auf eine Grabenbruchzone des Mittleren Buntsandsteines, der auch noch der nördliche Teil des dicht darauffolgenden Schwarzenfels-Tunnel (2100 Meter) angehört. Der größte Teil des Tunnels gehört aber bereits wieder dem ungestörten Buntsandstein an.

Unmittelbar auf den langen und tiefen südlichen Voreinschnitt folgt Mottgers als erster Betriebsbahnhof des Südabschnittes (Bild 25, Seite 40). Etwa in seiner Mitte erreicht die Strecke erstmals bayerisches Gebiet. Im Bahnhofsbereich geht die Gradiente der Trasse, die hier am Ostrand der Sinn verläuft, nach etwa 14 Kilometern wieder in eine nahezu horizontale Lage über.

Im Gegensatz zu dem fast geradlinigen Verlauf der Neubaustrecke, überwindet die alte Strecke, die im Sinntal bei Mottgers am Gegenhang verläuft, die Wasserscheide in vielen, meist engen Kurven. Beide Strecken entfernen sich dabei teilweise sehr weit voneinander (Bild 4).

Südlich des Betriebsbahnhofes Mottgers (Bild 36) wird das Sinntal mit der 706 Meter langen Zeitlofs-Talbrücke überquert. Unmittelbar vor ihrem südlichen Widerlager überspannt sie die Nebenbahn Jossa–Wildflecken (KBS 508). Im An-

Bilder 73a und b: Blick aus Richtung Schwarzenfels-Tunnel zum längsten Tunnel bei der Neubaustrecken, dem 10779 Meter langen Landrücken-Tunnel

Bilder 74a und b: Im Erdbau erstellter Streckenabschnitt bei Mittelsinn in unterschiedlichem Bauzustand

schluß an diese Brücke folgt der 2353 Meter lange Altengronauer-Forst-Tunnel. Kurz vor der Tunnelmitte wird nochmals auf einer Länge von gut 2 Kilometern hessisches Gebiet erreicht. Vom südlichen Widerlager der Sinntal-Talbrücke Zeitlofs bis zum Südportal des Altengronauer-Forst-Tunnels steigt die Strecke um etwa 15 Meter an und fällt von hier ab bis zum Sinntal bei Obersinn um rund 90 Höhenmeter ab, wo die Neubaustrecke wieder auf die alte Strecke trifft.

Der Bau dieser rund 6 Kilometer langen, im nördlichen Teil durch Waldgebiete führenden Gefällstrecke erforderte neben größeren Erdbauten (Bilder 74a und b) zwei Tunnel und drei kleinere Talbrücken. Wenige Meter nach dem Altengronauer-Forst-Tunnel folgt der in offener Bauweise erstellte 255 Meter lange Roßbacher-Forst-Tunnel. Im Bereich der sich daran anschließenden Dammstrecke wird Hessen endgültig verlassen. Nach einem kurzen Einschnitt erscheinen die Dittenbrunner Hangbrücke (398 Meter) und der Dittenbrunner-Höhe-Tunnel (824 Meter). Der restliche Streckenverlauf bis zum Sinntal erforderte noch zwei kleinere Talbrücken, die 178 Meter lange Obersinn-Talbrücke und die 152 Meter lange Mittelsinn-Talbrücke.

Parallel zur Nord-Süd-Strecke durchs Sinntal

Im Sinntal, das Spessart und Rhön voneinander trennt, verlaufen die alte und neue Strecke zwischen Obersinn und Schaippach in unmittelbarer

Bild 75: Sinn-Talbrücke Schaippach

Nähe nebeneinander, teilweise sogar auf gemeinsamer Trasse (Bild 95, Seite 107).

Nur zwei Tunnel, der 730 Meter lange Burgsinner Kuppe- und der 2159 Meter lange Sinnberg-Tunnel sowie die auf eine Einschnittslage (Bild 5, Seite 13) folgende 442 Meter lange Talbrücke bei Schaippach waren für diesen 12 Kilometer langen Trassenabschnitt erforderlich. Zwischen beiden Tunneln erfolgt im Betriebsbahnhof Burgsinn nochmals eine Anbindung an die alte Nord-Süd-Strecke; sie ist zugleich die letzte vor Würzburg.

Mit dem auf die Sinntal-Talbrücke Schaippach (Bild 75) folgenden 1141 Meter langen Einmalberg-Tunnel (Bild 96, Seite 112), dem ersten angeschlagenen und fertiggestellten Tunnel, verläßt die Neubaustrecke das Sinntal.

Abseits der alten Trasse
über die Marktheidenfelder Platte

Südlich des Einmalberg-Tunnels wird nach einem kurzen, flachgeböschten Damm mit der 799 Meter langen Maintalbrücke bei Gemünden das gleichnamige Tal überquert, in dem die Hauptbahn Frankfurt–Aschaffenburg–Würzburg verläuft. Mit einer Mittelstützweite von 135 Metern ist sie die längste Eisenbahn-Spannbetonbrücke der Welt. Etwa in der Mitte der Brücke steigt die seit Obersinn in ihrer Höhenlage nahezu unveränderte Gradiente bis zum nächsten und zugleich südlichsten Betriebsbahnhof bei Rohrbach wieder an. Im 5528 Meter langen Mühlbergtunnel, der sich unmittelbar an die Maintalbrücke anschließt, führt die Strecke zur etwa 100 Meter höher gelegenen, teils land-, teils forstwirtschaftlich genutzten Marktheidenfelder Platte hinauf, wobei alle drei Buntsandsteinformationen (Unte-

Bild 76: Im Betriebsbahnhof Rohrbach wird die Neubaustrecke künftig mit der sogenannten Nantenbacher Kurve an die Bahnstrecke Frankfurt–Aschaffenburg–Würzburg angebunden sein, so daß sich auch in dieser Relation die Fahrzeiten in absehbarer Zeit verkürzen werden. Das Bild zeigt das zwischenzeitlich mit Natursteinen verkleidete Kreuzungsbauwerk zur Einfädelung des aus Richtung Aschaffenburg kommenden Streckengleises.

rer, Mittlerer und Oberer) durchfahren werden. Nach Verlassen des Tunnels steigt die Trasse weiterhin mit 12,5 Promille an, bis sie schließlich teils in Damm-, teils in Einschnittlage den etwa 280 Meter über NN gelegenen Betriebsbahnhof Rohrbach erreicht. Infolge des hohen Lärmschutzwalles auf der westlichen Bahnhofsseite läßt sich jedoch vom Zug aus die Dammlage nur bedingt erkennen. Im Bereich des nördlichen Bahnhofkopfes wird künftig die sogenannte Nantenbacher Kurve die Verbindung zur Strecke Würzburg–Aschaffenburg herstellen (Bild 76).

Südlich des Bahnhofes erfolgt nochmals ein leichter Anstieg der Gradiente auf gut 300 Meter über NN; sie fällt aber sofort wieder mit einem 12,5 Promille starken Gefälle ab und trifft hierbei erstmals nach einem etwa 10 Kilometer langen Verlauf wieder auf größere Kunstbauten. Es sind dies der 400 Meter lange Hanfgarten- und der 872 Meter lange Hohe-Wart-Tunnel (Bild 41, Seite 64). Seit Kassel ist dies der längste Streckenabschnitt ohne größere Kunstbauten. Nach etwa gut 2 Kilometern geht es über zwei große Talbrücken, die 1166 Meter lange Bartelsgraben- und die 1248 Meter lange Leinach-Talbrücke.

Vom Nordportal des Hanfgarten-Tunnels bis zur Mitte der Leinach-Talbrücke fällt die Gradiente der Neubaustrecke um nahezu 80 Höhenmeter ab. Sie steigt sodann bis zum Südportal des auf sie folgenden 2235 Meter langen Espenloh-Tunnels wieder um etwa 25 Meter an und fällt anschließend auf etwa 5 Kilometer Länge bis zur Mainbrücke bei Würzburg wieder ab.

Der gesamte, etwa 7 Kilometer lange Abschnitt zwischen Leinach-Talbrücke und dem Main führt fast ausschließlich durch Tunnel. Bereits wenige Meter nach dem Espenloh-Tunnel, dessen Südportal unterhalb eines Weinberges liegt, trifft die Strecke auf den 1869 Meter langen Eichelberg-Tunnel. Anschließend wird mit der nur 71 Meter langen Bärntalbrücke das dortige Landschaftsschutzgebiet überquert (Bild 10, Seite 26), ohne daß nennenswerte Eingriffe erforderlich waren. Die Trasse verschwindet abermals in einem Tunnel, dem 1946 Meter langen Neuberg-Tunnel, an dessen Südportal sich eine 1290 Meter lange Spannbetonbrücke anschließt, die über das Maintal, den Rangierbahnhof und die Nord-Süd-Strecke bei Veitshöchheim hinwegführt (Bild 77).

Bild 77:
Main-Talbrücke
bei Veitshöchheim

Durch Tunnel vom Main zum Hauptbahnhof von Würzburg

Etwa in Brückenmitte liegt ein Tiefpunkt, ab dem die Strecke – ähnlich wie auf der Leinach-Talbrücke – wiederum für ein kurzes Stück ansteigt. Bereits in dem auf die Brücke folgenden 2164 Meter langen Roßberg-Tunnel ist der Scheitelpunkt erreicht. Die Absenkung der Gradiente im Bereich der Mainbrücke mußte mit Rücksicht auf den nur wenige 100 Meter weiter nördlich gelegenen Veitshöchheimer Hofgarten vorgenommen werden.

In dem verhältnismäßig kurzen, bis zum Bahnhof von Würzburg reichenden Gefälle, mußte die Trasse fast ausschließlich durch Kunstbauten erstellt werden. So folgt auf den schon erwähnten Roßberg-Tunnel die 128 Meter lange Dürrbach-Talbrücke, die in Anbetracht der beidseitigen Bebauung im Dürrbachtal mit Schallschutzwänden versehen ist. Praktisch ohne Voreinschnitt folgt nach wenigen Metern der 579 Meter lange Steinberg-Tunnel, der letzte von insgesamt 62 Tunneln. An sein Südportal, das mit seiner Natursteinverkleidung gut in den gleichnamigen Weinberg eingefügt ist, schließt sich unmittelbar ein 576 Meter langes Überwerfungsbauwerk an, durch welches die Neubaustrecke in die Gleisanlagen des Würzburger Hauptbahnhofes einbeziehungsweise ausgefädelt wird (Bild 78).

Gestaltung und Betrieb

Die 327 Kilometer lange Neubaustrecke verläuft auf einer Länge von 159 Kilometern, also nahezu zur Hälfte über Dämme oder in Einschnitten. Nur 17 Kilometer ließen sich ebenerdig trassieren (Tafel 11, Seite 27).

Diese *Erdbauten* haben im Nordabschnitt zu etwa 70 Prozent Anteil am Trassenverlauf und in den beiden übrigen Abschnitten zu jeweils rund 43 Prozent.

Im Norden ist der hohe Anteil der Erdbauten vorwiegend auf den verhältnismäßig langen Streckenverlauf durch die südliche norddeutsche Tiefebene (Hildesheimer Lößbörde) und das Leinetal zurückzuführen. Im Mittelabschnitt sind Erdbauabschnitte vor allem im Raum Kassel und im Südabschnitt in erster Linie im Sinntal sowie auf der zwischen Gemünden und Würzburg befindlichen Margetshöchheimer Platte anzutreffen.

Bild 78: Blick vom Steinberg auf die westlichen, noch im Umbau befindlichen Gleisanlagen des Würzburger Hauptbahnhofes

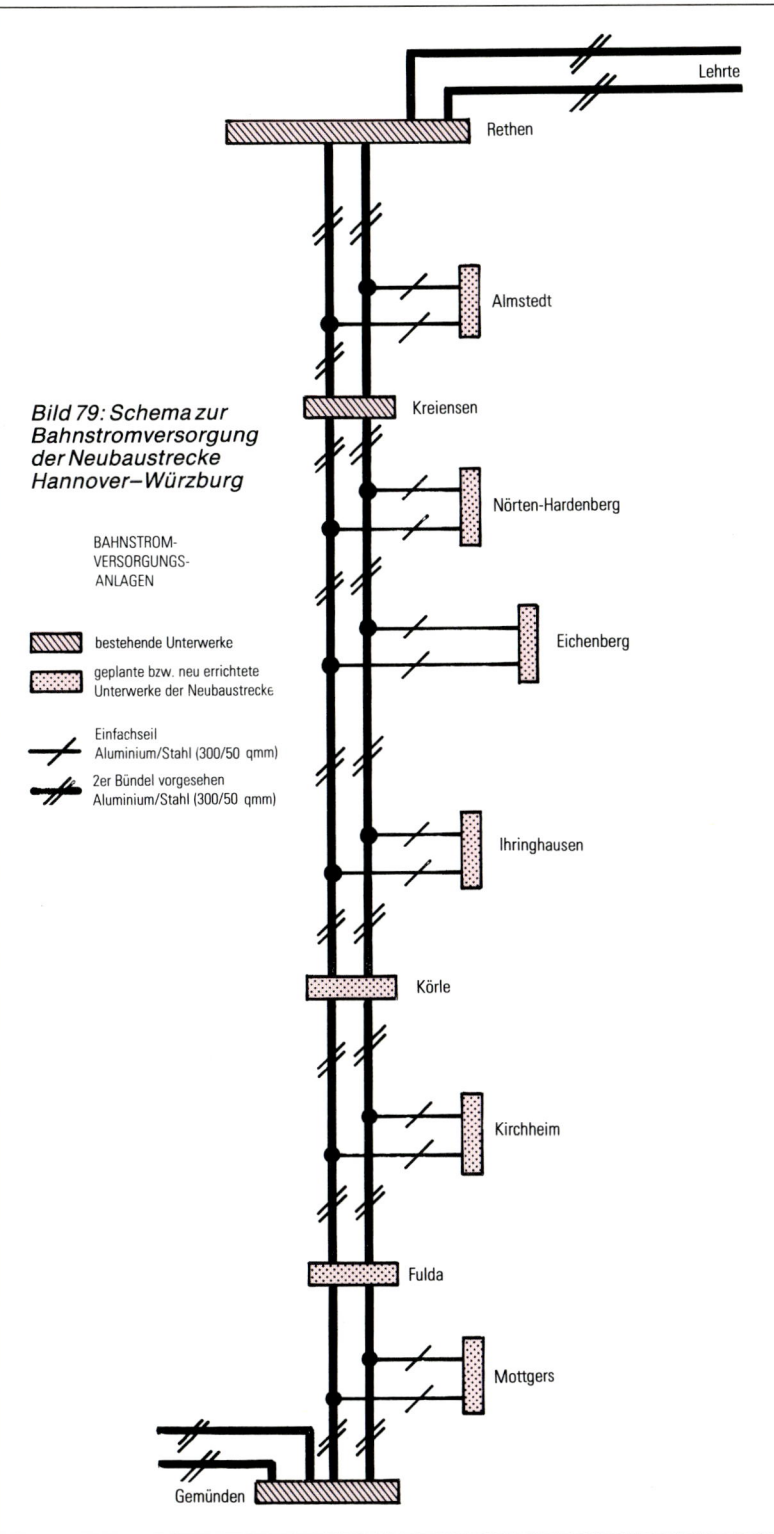

Bild 79: Schema zur Bahnstromversorgung der Neubaustrecke Hannover–Würzburg

In sehr starkem Maße prägen aber auch *Kunstbauten* das Bild der neuen Strecke. So weist sie neben 243 kleineren oder mittleren Brückenbauwerken 51 große Talbrücken oder aufgeständerte Fahrbahnen mit einer Gesamtlänge von 3021 Metern auf, deren Bau rund 964 Millionen DM erforderte (Tafel 19–21, 23). Unter ihnen erreicht die Rombach-Talbrücke mit 95 Meter über der Talsohle die größte Höhe und die ebenfalls im Mittelabschnitt gelegene Fulda-Talbrücke bei Solms mit 1628 Meter die größte Länge.

Während die Talbrücken wohl am augenfälligsten das Erscheinungsbild der neuen Strecke prägen, so trifft für die insgesamt 122 099 Meter umfassenden und damit rund viermal so langen Tunnelabschnitte genau das Gegenteil zu (Tafel 25–27).

Im Nordabschnitt sind sie zu 25 Prozent und im Mittel- beziehungsweise Südabschnitt sogar zu 45 bis 47 Prozent am Trassenverlauf beteiligt. Also nahezu die Hälfte der Strecke verläuft hier im Tunnel!

Für die gesamte Neubaustrecke erforderten die Tunnelbauwerke einen Kostenaufwand von rund 3434 Millionen DM beziehungsweise einem Drittel der gesamten Baukosten. Sie entfallen auf insgesamt 61 Tunnel mit einer maximalen Länge bis zu 10 779 Meter (Landrücken-Tunnel).

Zur Betriebsführung hat die Neubaustrecke elf Betriebsbahnhöfe (Tafel 13) und einschließlich ihrer Endbahnhöfe zehn Verknüpfungsbahnhöfe. Acht von ihnen sind bestehende Personenbahnhöfe, die durch entsprechende Umbauten den neuen Anforderungen angepaßt wurden. Bei den beiden restlichen handelt es sich um die Bahnhöfe Rohrbach und Burgsinn.

Netzverknüpfungen beschränken sich jedoch nicht nur auf Bahnhöfe, auch außerhalb, also auf freier Strecke, wurden einige eingerichtet, aber nur im Nordabschnitt. Sie befinden sich bei Sorsum, Edesheim und Göttingen (Siekweg).

Zur Energieversorgung mußte zum einen die vorhandene Bahnstromleitung von Hannover in Richtung Würzburg erweitert werden, zum andern ist auf einer Länge von rund 130 Kilometern ein Leitungsneubau erforderlich gewesen. Die neuen Leitungstrassen, für deren Planung ebenso wie für die Bahntrassen Genehmigungsverfahren erforderlich waren, lehnen sich in groben Zügen an die Neubaustrecke an, da die zur Energieeinspeisung in die Fahrleitungen notwendigen Unterwerke (Bild 79) in ihrer Nähe liegen müssen.

Neubaustrecke Mannheim–Stuttgart

Planung und Realisierung

Im Jahre 1970 wurde erstmals ein Trassenvorschlag für die Neubaustrecke Mannheim–Stuttgart im Ausbauprogramm für das Streckennetz der Deutschen Bundesbahn vorgestellt. Da seinerzeit das Landesplanungsnetz für Baden-Württemberg noch nicht in Kraft war, wesentliche Inhalte dieses künftigen Gesetzes aber bereits bekannt waren, wurde zur *Festlegung der Grobtrasse* in Anlehnung an das künftige Gesetz eine Art Raumordnungsverfahren unter Federführung der Wirtschaftsministerien in Karlsruhe und Stuttgart durchgeführt. Während der Laufzeit dieses Verfahrens in den Jahren 1973 bis 1974 wurden verschiedene Trassenvarianten untersucht. Dabei sollte im Rheintal eine Bündelung mit anderen Verkehrswegen, eine Weiterführung der Strecke in Richtung Karlsruhe und eine mehrmalige Verknüpfung mit bestehenden Strecken möglich sein. Außerdem sollte eine Durchschneidung dicht besiedelter Räume, von Naherholungsgebieten und Wassergewinnungsbereichen nach Möglichkeit vermieden werden.

Nachdem die Grobtrasse mit den Regierungspräsidenten von Karlsruhe und Stuttgart abgestimmt war, mußten für die einzelnen Teilbereiche vor allem mit den Gemeinden und übrigen Planungsträgern weitere Abstimmungen erfolgen. Im Dezember 1975 war es schließlich so weit, daß der Bundesminister für Verkehr die Genehmigung zum Bau dieser volks- und betriebswirtschaftlich sehr günstig beurteilten Strecke erteilte (Bild 48).

Zur *Planfeststellung und Bauausführung* wurde die rund 100 Kilometer lange Neubaustrecke Mannheim–Stuttgart in fünf Streckenabschnitte unterteilt. Die Streckenabschnitte 1 bis 3 umfassen den Abschnitt im Rheintal, die beiden übrigen gehören zum Schwäbischen Schichtstufenland. Die einzelnen Streckenabschnitte umfassen jeweils mehrere Planfeststellungsbereiche.

Zur Abwägung und Entscheidung über alle von der Neubaustrecken-Planung berührten Interessen wurde die Strecke in insgesamt 24 Planfeststellungsbereiche unterteilt, die sich an Gemeindegrenzen orientierten. Bereits 1974 wurden die ersten Verfahren im Bereich des Mannheimer Bahnhofes eingeleitet.

Als der Bundesverkehrsminister im August 1976 den ersten Rammschlag für die 3,65 Milliarden DM teure Neubaustrecke Mannheim–Stuttgart auslöste, konnte kaum jemand erahnen, welch große Schwierigkeiten auf die Planer zukommen werden, um diese rund 100 Kilometer lange Strecke durch ein dicht besiedeltes Land zu bauen. Die Planfeststellungsverfahren fielen in eine Zeit des gestiegenen Umweltbewußtseins. Das erforderte nicht nur weitere Verhandlungen mit dem Bund, dem Land Baden-Württemberg und den Gemeinden, sondern machte auch die Auseinandersetzung mit den Interessen der Bürger beziehungsweise Bürgerinitiativen erforderlich. Ihre Bedenken konnten jedoch nur zum Teil ausgeräumt werden, so daß gerichtliche Auseinandersetzungen unvermeidbar waren. So dauerte es neun Jahre, bis 1983 das letzte Verfahren im Stromberg-Gebiet eingeleitet werden konnte.

Kein Wunder, daß sich dadurch die Fertigstellung der Strecke auf Jahre hinaus verzögerte. Anfangs war die Fertigstellung für 1984 vorgesehen; im Bundesverkehrsplan '80 war dann bereits 1990 als Fertigstellungstermin genannt worden. Die aktuellen Terminpläne sind nunmehr für den 33 Kilometer langen Streckenabschnitt Mannheim-Graben-Neudorf auf 1987 und für den restlichen Abschnitt auf 1991 ausgerichtet.

Problembereiche

Während der Laufzeit der Planfeststellungsverfahren sind bei der Neubaustrecke Mannheim–Stuttgart erheblich größere Widerstände als bei der Strecke Hannover–Würzburg aufgetreten. So mußten für die Westliche Einführung der Riedbahn (WER) und die Neubaustrecke zusammen über 5000 Einwendungen behandelt werden, von denen 94 zu Prozessen führten. Vergleichsweise waren für den ebenso langen Mittelabschnitt der Neubaustrecke Hannover–Würzburg „nur" 2337 Einsprüche zu behandeln. Wenn auch im einzelnen nicht auf die Problempunkte eingegangen werden kann, so seien doch drei aus charakteristischen Problembereichen herausgegriffen.

Problembereich Schallschutz

Die planerischen Auseinandersetzungen mit den Bürgern hatten meistens Lärmprobleme zum Gegenstand. Wohl bei weitem am heftigsten gestalteten sie sich mit den Anwohnern der Schwetzinger Hirschackersiedlung. Zusammen mit denen der Pfingstbergsiedlung bei Mannheim forderten sie mit allem Nachdruck die Untertunnelung der Neubaustrecke in ihrem Bereich. Diese Forderung führte zu zahlreichen, fünf Jahre beim Verwaltungsgericht anhängigen Klagen. Nach entsprechender Umplanung und Einleitung eines neuen Planfeststellungsverfahrens wurden sie letztlich zurückgenommen. Während dieser Zeit mußten die 1976 begonnenen Bauarbeiten für fünf Jahre unterbrochen werden. 1985 war der geforderte Pfingstberg-Tunnel schließlich fertiggestellt und das in Anspruch genommene Gelän-

Noch während der raumordnerischen Abstimmung galt die Trassenführung im Stromberggebiet als unkritisch. Als jedoch im Jahr 1975 die Raumordnungstrasse in das Planfeststellungsverfahren eingebracht werden sollte, lehnten die Gemeinden des Stromberggebietes die Planung plötzlich ab. Schließlich konnte 1978 zwischen dem Bund (BMV) und dem Land Baden-Württemberg ein Kompromiß geschlossen werden, der

Bild 80: Ausgleichsmaßnahme am Pfingstberg bei Mannheim, ein gut vorzeigbares und als gelungen zu bezeichnendes Beispiel für zweckmäßige Landschaftsplanung.

de konnte wieder rekultiviert werden. Dabei entstanden zwei hügelig angelegte Naherholungsgebiete (Bild 80).

Problembereich Natur- und Landschaftsschutz

Auf einer Länge von 16 Kilometern verläuft die Neubaustrecke in orts- und verkehrsferner Lage durch den südwestlichen Teil des Strombergs, eines seit 1979 zum gleichnamigen Naturpark gehörigen Gebirgszuges.
In diesem Bereich traten erhebliche Zielkonflikte zwischen Strecken- und Landesplanung auf.

wesentliche Forderungen der Gemeinden und aus der Bevölkerung berücksichtigte.
Bei einem zusätzlichen Kostenaufwand von 135 Millionen DM beinhaltete er Gradientenabsenkungen, längere Tunnelstrecken sowie Verbesserungen der Linienführung. Neben den beiden von vornherein im Stromberggebiet vorgesehenen Tunneln Freudenstein und Burgberg mußten noch zwei weitere Tunnel, und zwar westlich des Freudensteins der Wilfenberg-Tunnel und östlich des Burgbergs der Saubuckel-Tunnel, aufgefahren werden. Die ursprüngliche Planung sah hier zwei tiefe Einschnitte vor, die selbst bei einer

noch so guten Landschaftsgestaltung zu teilweise nicht auszugleichenden Eingriffen geführt hätten.

Bereits ein Jahr später konnte auf der Grundlage des vorerwähnten Kompromisses die Planfeststellung eingeleitet werden.

Problembereich Landwirtschaft

Während der Planungsphase wurde im südöstlichen Streckenabschnitt bei Kornwestheim, im sogenannten Langen Feld, zwischen einer Nord- und Südtrasse unterschieden. Die Nordtrasse ist das Ergebnis von Variantenuntersuchungen unter Beachtung zahlreicher Zwänge.

Gegen die südlich des Rangierbahnhofes geführte Südtrasse sprachen vor allem betriebliche und finanzielle Gründe. Die Nordtrasse wies demgegenüber folgende Vorteile auf:
▷ geringe Inanspruchnahme fremder Grundstücke, da die Trasse weitgehend auf Bundesbahn-Gelände verläuft,
▷ Wegfall höhengleicher Kreuzungen beim zweigleisigen Anschluß an die Güterbahn und den Rangierbahnhof,
▷ Kürzere Tunnelstrecken und daher kostengünstigere Bauweise.

Nachdem die Entscheidung zu Gunsten der Nordtrasse gefallen war, standen lange Zeit dem weiteren Fortgang der Planungsarbeiten erhebliche Meinungsverschiedenheiten im Wege. Die Gemeinde Möglingen und der Bauernverband forderten für das intensiv landwirtschaftlich genutzte Lange Feld eine Untertunnelung. Diese Erhaltung von 18 Hektar Ackerland hätte aber Mehrinvestition von 40 Millionen DM erfordert. Eine solche Forderung war nicht zu vertreten, da die Bahn vorher bereits genügend Grunderwerb betrieben hatte, um den betroffenen Landwirten im Zuge eines Flurbereinigungsverfahrens einen Nullabzug von ihrer Landfläche garantieren zu können.

Streckenverlauf

Allgemeines zum Trassenverlauf

Die Neubaustrecke Mannheim–Stuttgart schließt im umgestalteten Verknüpfungsbahnhof Mannheim Hauptbahnhof unmittelbar an die WER an (Bild 81), die im Juni 1985 nach neun Jahren Bauzeit als wichtiges Streckenglied im IC-Verkehr in Betrieb genommen wurde. Züge in den Relationen Frankfurt–Karlsruhe–Basel beziehungsweise Frankfurt–Stuttgart können dadurch ohne Lok- und Fahrtrichtungswechsel in Mannheim ihre Fahrt zur Neubaustrecke fortsetzen. Zunächst verläuft sie auf einer Länge von 45 Kilometern durch die Kies- und Sandebene des

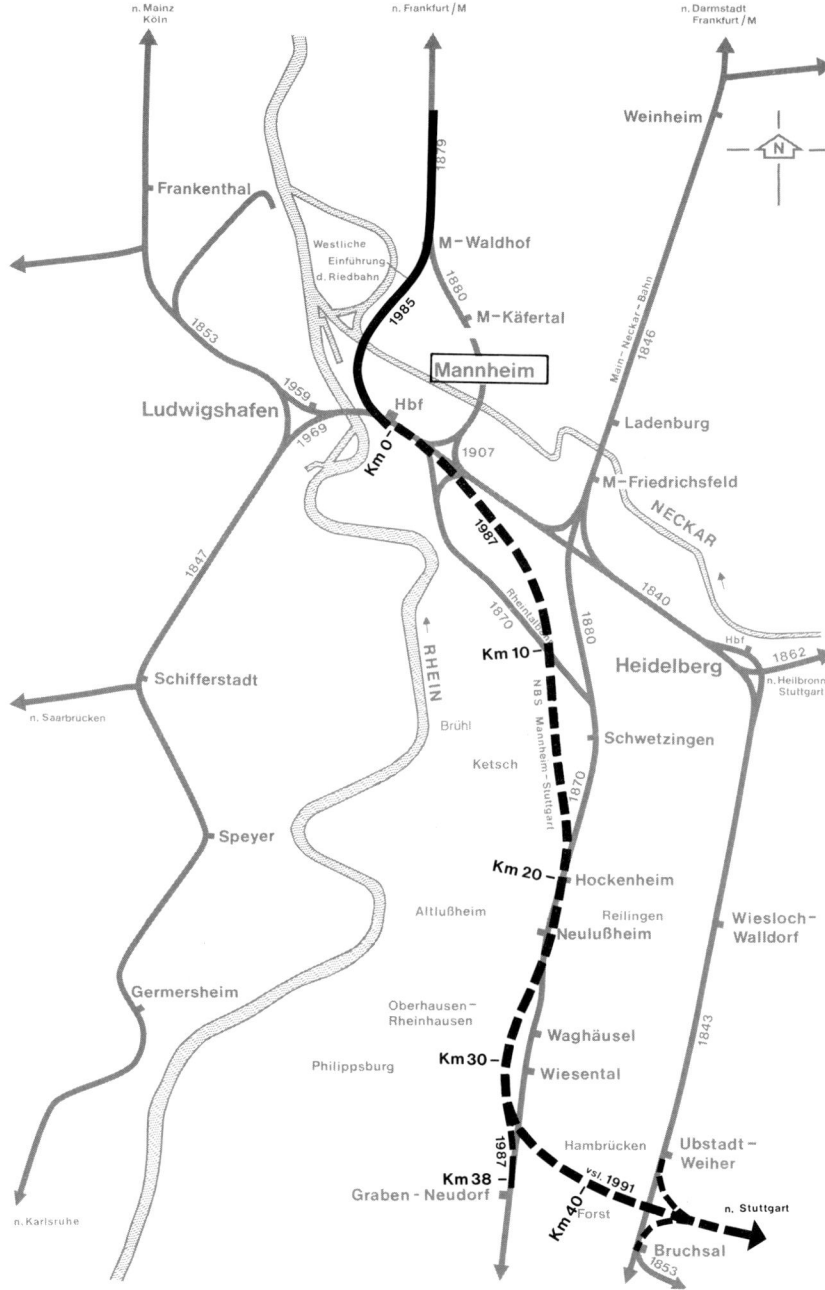

Bild 81: Streckenverlauf der WER und der Neubaustrecke Mannheim–Stuttgart im Rheintal

Oberrheingrabens. Anschließend (Streckenabschnitte 4 und 5) durchquert die Trasse meist abseits größerer Verkehrswege mit zahlreichen Tunneln und langen Talbrücken, die zusammen rund 55 Kilometer Länge ergeben, das abwechselnd von großen Laubwäldern, Obst- und Ackerbaulandschaften geprägte Schwäbische Schichtstufenland. Neben oben aufliegenden quartären Ablagerungen (meist Lößlehm) schneidet die Trasse hier die darunter liegenden Schichtenfolgen des Keupers und des Muschelkalkes an.

Schließlich unterfährt sie in Tunnellage im Bereich des Langen Feldes eine Autobahn und den Rangierbahnhof Kornwestheim, um anschließend in die alte Strecke einzumünden.

Trassenverlauf im Bereich der Westlichen Einführung der Riedbahn (WER) und im Rheintal (Streckenabschnitte 1–3)

Streckenabschnitt WER

Von Frankfurt kommend, zweigt die nahezu 300 Millionen DM teure Trasse beim Bahnhof Mannheim-Waldhof von der Riedbahn ab. Zunächst folgt sie in Dammlage der 1971 stillgelegten Nekkarstadtbahn, um anschließend auf einer 2000 Meter langen aufgeständerten Fahrbahn das Hafengebiet zu überqueren. Einbezogen in diesen Brückenzug sind zwei Stahlhochbrücken, von denen eine über einen Hafenkanal und die andere über den Neckar führt. In den Trassenverlauf der WER sind weiterhin drei Haltepunkte für den Nahverkehr eingebunden, der ebenfalls entscheidende Verbesserung erfahren hat.

Streckenabschnitt 1

Bereits nach etwa eineinhalb Kilometern beginnt im Mannheimer Hauptbahnhof mit einer langgezogenen Rampe die Ausfädelung der Neubaustrecke aus den bestehenden Gleisanlagen. Sie führt zu der 1100 Meter langen Containerbrücke, mit der der Nordteil des Rangierbahnhofes und der Containerbahnhof überquert werden. Anschließend verläuft die Neubaustrecke auf einer Länge von etwa 2 Kilometern parallel zu den südwestlich verlaufenden Rangierbahnhofgleisen. Im Bereich der Pfingstbergsiedlung schwenkt die Trasse in südlicher Richtung ab

Bild 82: ICE beim Verlassen des Südportals vom Pfingstberg-Tunnel

Bild 83: Südportal des Pfingstbergtunnels bei der Hirschackersiedlung und der Autobahnanschlußstelle Mannheim/Schwetzingen.

und verschwindet im 5380 Meter langen Pfingstbergtunnel (Bild 82).

Dieser in einem mehr oder weniger ebenen Gelände gelegene Tunnel wurde in erster Linie aus Lärmschutzgründen erreichtet und unterquert u. a. die Bundesautobahn A6, mehrere Straßen, den Bahnhof Mannheim-Rheinau und letztlich noch das Autobahnkreuz Mannheim/Schwetzingen.

Der Tunnel folgt dann der Autobahntrasse und endet dicht südlich des genannten Autobahnkreuzes. In Tieflage begleitet die Neubaustrecke weiterhin die Autobahn, um schließlich bei Kilometer 13 die um drei Meter angehobene Autobahn in einem 120 Meter langen, tunnelartigen Bauwerk zu unterqueren (Bild 83). Bereits nach weiteren zwei Kilometern unterquert die Neubaustrecke, gebündelt mit der Bundesstraße 36, die A61. Bis hierher verläuft die Trasse auf einer Länge von etwa 5 Kilometern in Tieflage durch

Bild 84: Der neue Haltepunkt Neulußheim der Rhein-Talbrücke mit eigenwilliger, futuristisch anmutender Architektur

den unteren Hardt-Wald bei Hockenheim. Immer noch in Tieflage trifft sie dann auf die verlegte Rheintalbahn, mit der sie bis Neulußheim auf einer Länge von 6 Kilometern parallel verläuft. Im Bereich dieses Parallelführung befindet sich bei Kilometer 21 der völlig neu gestaltete Bahnhof Hockenheim (Bild 26, Seite 41). Kurz danach endet bereits der erste Streckenabschnitt.

Streckenabschnitt 2

Noch in Tief- und Parallellage mit der Rheintalbahn trifft die Neubaustrecke bei Kilometer 22,20 auf den zweiten und kürzesten Streckenabschnitt. Bereits nach einem Kilometer wird Neulußheim erreicht, wo für die Rheintalbahn ein neuer, futuristisch anmutender Bahnhof errichtet wurde (Bild 84). Ähnlich wie in Hockenheim, so verlaufen auch hier die Gleise der Neubaustrecke betrieblich getrennt von denen der Rheintalbahn durch den Bahnhof. Südlich von ihm verläßt die Neubaustrecke die Trasse der Rheintalbahn und durchquert auf etwa 3 Kilometer Länge ein Kiesgewinnungsgebiet mit bis zu 15 Metern tiefen Seen, die zu einem Erholungsgebiet ausgestaltet werden. Sodann beginnt die Neubaustrecke bei Waghäusel ihren bisherigen Nord-Süd gerichteten Streckenverlauf zu verlassen. Mit einer rund 12 Kilometer langen Kurve schwenkt sie in eine südöstliche Richtung ein, die den restlichen 60 Kilometer langen Streckenverlauf kennzeichnet. Bereits zu Beginn dieser Kurve wird bei Kilometer 31,753 der zweite Streckenabschnitt verlassen.

Streckenabschnitt 3

Dieser Abschnitt beginnt östlich von Philippsburg am Anfang einer langgezogenen, fast ausschließlich in einem geschlossenen Waldgebiet gelegenen Kurve. In diesem Bereich überquert die Neubaustrecke mit einem tunnelartigen Kreuzungsbauwerk bei Kilometer 33 die Rheintalbahn, an die sie beidseitig angeschlossen ist. Sobald die Neubaustrecke im „Oberen Lußhardt-Wald" wieder in den geraden Verlauf übergeht, senkt sich ihre Gradiente ab, um im 1727 Meter langen Forst-Tunnel nördlich von Forst zu verschwinden. Dieser im Grundwasser gelegene Tunnel (Bild 85) wurde sowohl aus Lärmschutzgründen als auch als Kreuzungsbauwerk für die Bundesautobahn A5 notwendig. Östlich dieses

Bild 85: Fast wie ein Kanalbau, der Bau des 1727 Meter langen Forst-Tunnels

Tunnels, wo bei Kilometer 42,804 der dritte Streckenabschnitt endet, beginnt ein längerer Steigungsabschnitt.

Trassenverlauf im Kraichgau und Stromberggebiet

Streckenabschnitt 4

Mit einem leichten, in einer Steigung gelegenen Rechtsbogen von 7000 Meter Radius, verläßt die Neubaustrecke mit Beginn des vierten Abschnitts den Oberrheingraben. In gestreckter Linienführung steigt die Gradiente mit 12,5 Promille von 100 Meter auf 220 Meter über NN zum Kraichgauer Hügelland auf, wobei die Trasse in Tunneln und Einschnitten auf die erwähnten Schichtenfolgen des Keupers und des Muschelkalkes trifft. Zu Beginn dieser am Ostrand des Rheintalgrabens gelegenen Steigungsstrecke wird die Hauptabfuhrstrecke Stuttgart–Heidelberg überquert. Nach etwa einem knappen Kilometer erfolgt am Westportal des 3303 Meter langen Rollenberg-Tunnels (Bild 86), dem ersten bergmännisch aufgefahrenen Tunnel, die Abzweigung der Verbindungsbahn zur vorher überquerten Strecke (KBS 770).

Im weiteren Verlauf der Steigungsstrecke sind zwei Tunnel und zwei große Talbrücken zu verzeichnen. Die erste dieser Talbrücken, die 264 Meter lange Oberbruch-Talbrücke schließt sich unmittelbar an den langgezogenen Voreinschnitt des Rollenberg-Tunnels an.

Wenige Meter nach der Oberbruch-Talbrücke beginnt der knapp einen Kilometer lange Voreinschnitt des 220 Meter langen Altenberg-Tunnels. Ohne die Einschnittslage dieses kürzesten Tunnels zu verlassen, folgt bereits nach weiteren 500 Metern der nächste Tunnel, der 762 Meter lange Neuenberg-Tunnel. Auf der gesamten etwa 4 Kilometer langen Strecke zwischen der Oberbruch- und Frauenwald-Talbrücke begleiten die Trasse die Laubwälder des „Großen Waldes".

Am östlichen Widerlager der Frauenwald-Talbrücke geht die Gradiente der Neubaustrecke bis zur Zigeunergraben-Talbrücke (Bild 87) auf einer Länge von etwa 6 Kilometern wieder in eine nahezu horizontale Lage über. Nur zwei größere Kunstbauten weist dieser Streckenabschnitt auf: den Simonsweingarten-Tunnel und die Bauerbach-Talbrücke. Der 420 Meter lange Tunnel folgt bereits unmittelbar auf die Frauenwald-Talbrücke, so daß den weiteren etwa 3 Kilometer langen

Bild 86: Westlicher Voreinschnitt des Rollenberg-Tunnels (3303 Meter) mit Netzverknüpfung Ubstadt-Weiher im Bauzustand

Trassenverlauf nur Erdbauwerke bestimmen. Das Landschaftsbild ist hier sehr abwechslungsreich: Ackerflächen und Wälder begleiten die Trasse.

In diesem Bereich entsteht „Kraichtal" als einziger Betriebsbahnhof der Neubaustrecke. Das Gelände fällt hier bereits zum Bauerbachtal ab, weshalb er vorwiegend in Dammlage errichtet werden muß. Unmittelbar an seinem östlichen Kopf schließt sich die gleichnamige, 746 Meter langge-

Bild 87: Die Zigeunergraben-Talbrücke im Bauzustand

Bild 88: Feldbahn-Bahnhof am Westportal des Freudenstein-Tunnels

zogene Talbrücke an, die unter anderem auch die Bahnlinie Karlsruhe–Heilbronn (KBS 777) überquert. Immer noch begleiten Dämme und Einschnitte den Trassenverlauf. Noch bis zur Unterquerung der Bundesstraße 293 bestimmen Obstbäume und Ackerflächen das Bild, dann durchschneidet die Trasse wiederum ein Laubwaldgebiet mit dem Zigeunergraben, der mit einer 660 Meter langen Talbrücke überspannt wird. An ihrem westlichen Widerlager beginnt die hier etwa 220 Meter über NN liegende Gradiente wieder leicht abzufallen.

Östlich dieses nach Norden zu offenen Zigeunergrabens erreicht die Strecke schließlich den Naturpark Stromberg, in dessen Bereich der Trassenverlauf lange umstritten war. Er begleitet

vom 6800 Meter langen Freudenstein-Tunnel (Bild 88), dem längsten der Neubaustrecke. In relativ kurzen Abständen folgen noch der 1115 Meter lange Burgberg- und der nur 402 Meter lange Saubuckel-Tunnel.

Während der Wilfenberg-Tunnel noch ein Gefälle in südlicher Richtung aufweist, beginnt die Gradiente im Freudenstein-Tunnel wieder leicht anzusteigen, um im weiteren Tunnelbereich in eine Steigung von 12,5 Promille überzugehen. An sein südöstliches Portal schließt sich zunächst wiederum ein nahezu horizontaler und im Einschnitt gelegener Trassenabschnitt an, der dann zwischen dem Zaisersweihertal und dem östlichen Portal des Burgberg-Tunnels abermals eine Steigung von 12,5 Promille aufweist. Nunmehr fällt

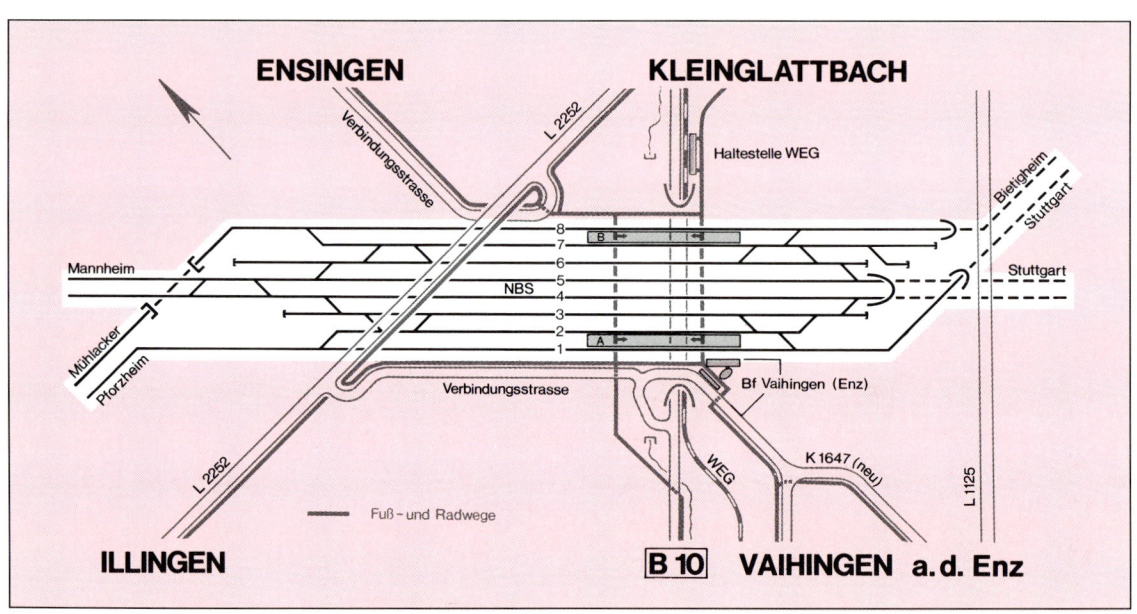

Bild 89: Prinzipskizze zum Verknüpfungsbahnhof Vaihingen/Enz

ihn auf einer Länge von etwa 15 Kilometern, doch von seinen herrlichen Eichen- und Buchenwäldern wird der Bahnreisende nicht viel zu sehen bekommen, da sie auf einer Länge von 9,2 Kilometern, also zum überwiegenden Teil, in Tunneln unterfahren werden. Die offenen Streckenabschnitte des Stromberg-Gebietes kennzeichnen meist sehr tiefe und lange Einschnitte. Einen Ausblick auf die Landschaft ist nur im Bereich des Zaisersweihertales möglich, wo die Strecke zwischen dem Burgberg- und Saubuckel-Tunnel ein kurzes Stück über einen Damm verläuft.

Als erster Tunnel erscheint im Stromberg-Gebiet der 1006 Meter lange Wilfenberg-Tunnel, gefolgt

die Neubaustrecke, die hier rund 285 Meter über NN liegt, etwa bis zum Bahnhof Vaihingen auf 250 Meter über NN ab. Außer dem Saubuckel-Tunnel weist der Gefällebereich keine größeren Kunstbauten auf. Lediglich Einschnitte und Dämme begleiten diesen rund 5 Kilometer langen, weitgehend durch ein Waldgebiet führenden Abschnitt, in dessen Verlauf die Strecke den Naturpark wieder verläßt. Bei Illingen endet schließlich bei Kilometer 76,350 der vierte und längste aller Abschnitte.

Trassenverlauf im Einzugsbereich der Enz und im Langen Feld

Streckenabschnitt 5

Der letzte Streckenabschnitt beginnt bei Illingen kurz bevor die Neubaustrecke die alte Strecke überquert. Hier entsteht zur Ausfädelung der alten Strecke ein Kreuzungsbauwerk. Als Ersatz für den alten Bahnhof Vaihingen, der etwa 3 Kilometer vom Stadtkern entfernt ist, entsteht am Ortsrand, in einer von Obstbäumen und Ackerflächen geprägten Hügellandschaft ein neuer Bahnhof (Bild 89). In ihm wird die zu verlegende alte Strecke Mannheim–Stuttgart mit der neuen verknüpft. Unmittelbar an den südlichen Bahnhofskopf schließen sich drei Tunnelportale an: die beiden östlichen bilden den sogenannten Nebenweg-Tunnel der neuen Verbindungsbahn zur beziehungsweise von der alten Strecke; das westliche, also weiter vorgezogene und tiefer gelegene Portal gehört zum 2782 Meter langen, in einem leichten Gefälle gelegenen Marktsteintunnel. An dessen Ostportal beginnt die Neubaustrecke mit der 1044 Meter langen Enztalbrücke wieder auf einer Länge von etwa 4 Kilometer anzusteigen.

Nach einer etwa 800 Meter langen Einschnitt- und Dammlage folgt der 1878 Meter lange Pulverdinger-Tunnel. Im Bereich seines südöstlichen Voreinschnittes weist die Gradiente der Strecke in Höhe einer Straßenüberführung einen Scheitelpunkt auf. Von hier aus fällt sie bis zur 1,5 Kilometer entfernten Glemstalbrücke wieder leicht

Bild 90: Offene Bauweise beim Langen-Feld-Tunnel

ab. Der östliche Tunnelvoreinschnitt, die an ihn anschließende bis zu 25 Meter hohe Dammstrecke sowie die darauffolgende Glemstalbrücke liegen in einer langgezogenen Kurve. Bereits am nordwestlichen Widerlager dieser 50 Meter hohen und damit höchsten Brücke der Neubaustrecke Mannheim–Stuttgart beginnt der letzte, etwa 7 Kilometer lange Steigungsabschnitt, der in wechselnd tiefer Einschnittlage zum „Langen Feld" hinaufführt. Hier wird im Langen-Feld-Tunnel (Bild 90, Länge siehe Tafel 28) an der Stelle, wo ihn die Bundesautobahn A81 überquert, mit 325 Meter über NN der höchste Punkt der gesamten Strecke erreicht. Der in offener Bauweise erstellte Tunnel weist nur eine wenige Meter mächtige Überdeckung auf. Seine Gradiente folgt somit im wesentlichen der in östlicher Richtung abfallenden Geländeoberfläche. Neben der A81 unterführt der Tunnel die weiten Ackerfluren des „Langen Feldes" und schließlich die Gleisanlagen des Rangierbahnhofes Kornwestheim (Bild 92). Unmittelbar danach erfolgt bei Kilometer 99 die Einfädelung der Neubaustrecke in die alte Strecke Mannheim–Stuttgart.

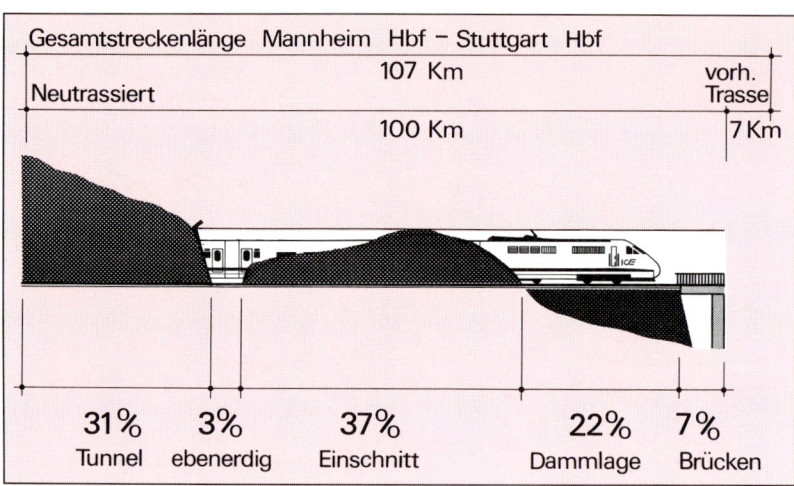

Bild 91: Neubaustrecke Mannheim–Stuttgart, sie verläuft zu 62 Prozent im Bereich von Erdbauwerken

Bild 92: Lageplan des Tunnels Langes Feld mit Unterteilung in Baulose
(Freigegeben vom RP Stuttgart, Nr. 2/51073)

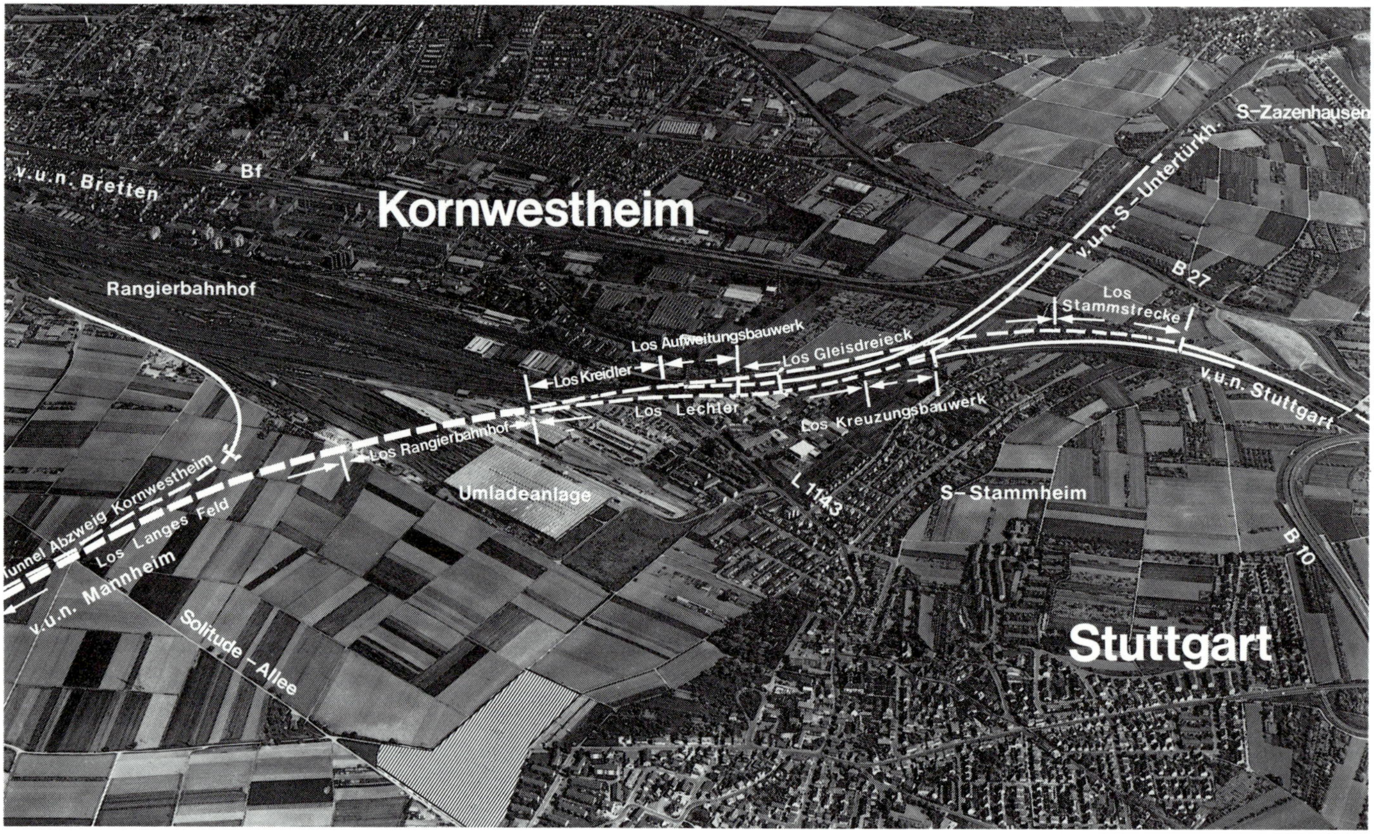

Gestaltung und Betrieb

Die Trasse der rund 100 Kilometer langen und damit gegenüber der jetzigen Strecke um über 20 Kilometer kürzeren Neubaustrecke verläuft zu 64 Prozent im Bereich von Erdbauwerken, wobei es sich fast ausschließlich um Dämme oder Einschnitte handelt. Nur 3 Kilometer von insgesamt 99 Kilometern sind ebenerdig trassiert (Bild 91). Während es sich bei den Einschnitten im Bereich des Rheintalgrabens häufig um Tieflagen aus Lärmschutzgründen handelt, sind die Einschnittslagen des Hügellandes meist als mehr oder weniger lange Tunnelvoreinschnitte anzusprechen.

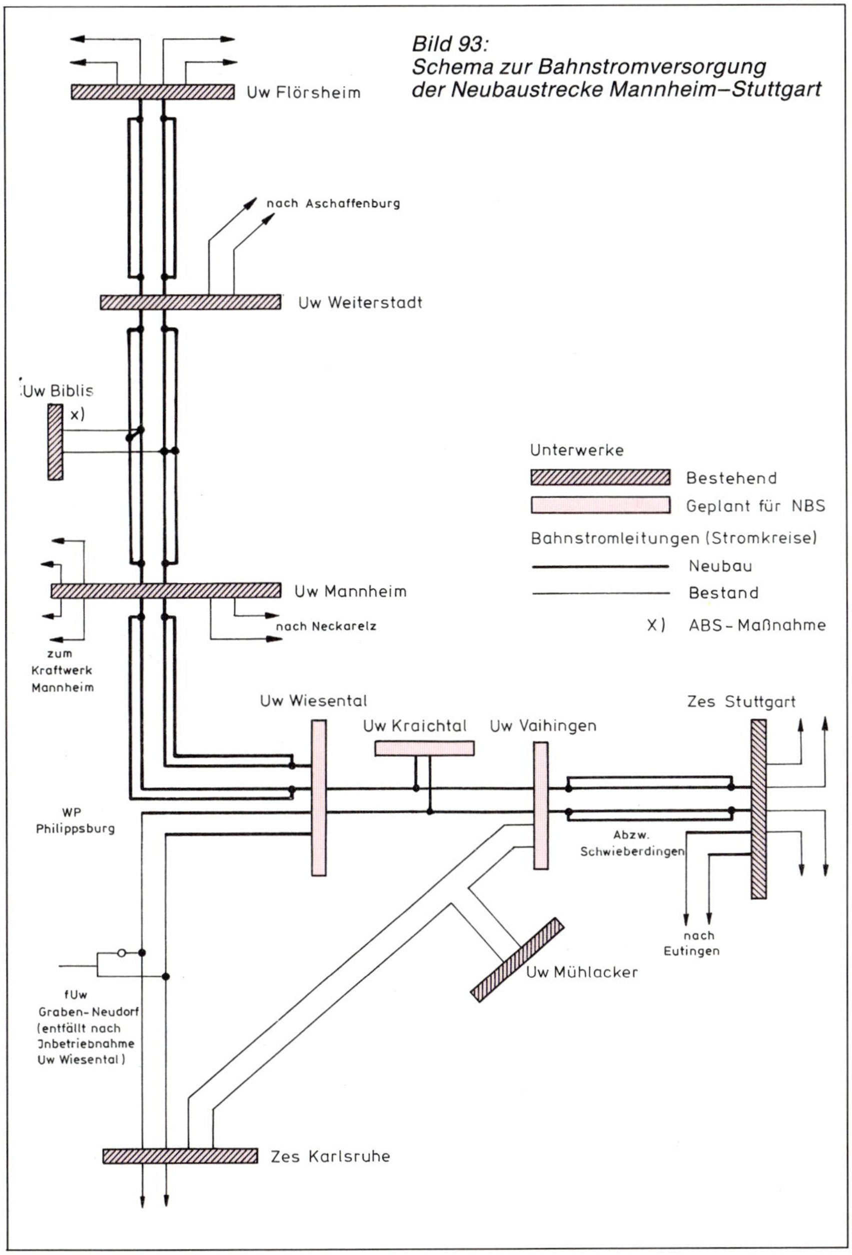

Neben diesen Erdbauwerken erforderte der Bau der neuen Linie auch zahlreiche Kunstbauten. So sind in den Streckenverlauf neben der sogenannten Containerbrücke in Mannheim insgesamt sechs große Talbrücken mit einer Gesamtlänge von 3768 Metern eingebunden, die bei Einzellängen zwischen 264 (Oberbruch-Talbrücke) und 1044 Metern (Enztal-Talbrücke) einen Kostenaufwand von rund 127 Millionen DM erforderten (Tafel 22, Seite 46).

Für die Neubaustrecke waren weiterhin, einschließlich des Nebenweg-Tunnels bei Vaihingen und der tunnelartigen Unterquerung der Bundesautobahn A6 bei Hockenheim, insgesamt 15 Tunnel aufzufahren (Tafel 28), die bei einer Gesamtlänge von 33752 Metern rund 1174 Millionen DM an Baukosten erforderten. Im Gegensatz zu denen der Strecke Hannover–Würzburg sind sie in viel stärkerem Umfang in offener Bauweise erstellt worden. Zugleich erwiesen sich unter den bergmännisch aufgefahrenen Tunneln zwei, nämlich der Burgberg- und der Freudenstein-Tunnel, letzterer mit 6800 Meter zugleich der längste, als äußerst schwierig aufzufahren.

Zur Betriebsführung ist die Neubaustrecke mit einem Betriebsbahnhof und – von den beiden Endbahnhöfen abgesehen – mit zwei Verknüpfungsbahnhöfen (Hockenheim und Vaihingen/Enz) ausgestattet. Noch weitere Netzverknüpfungen sind auf freier Strecke vorgesehen (Tafel 18, Seite 43).

Um die Züge auf der Neubaustrecke Mannheim–Stuttgart ausreichend mit elektrischer Energie versorgen zu können, ist die Verstärkung einer bestehenden Bahnstromleitung zwischen Mannheim und Flörsheim sowie der Neubau einer 110-Kilovolt-Leitung von Mannheim nach Stuttgart-Zassenhausen erforderlich gewesen.

Aus der Systemskizze (Bild 93) sind fernerhin Anzahl und Lage der Unterwerke zur Energieeinspeisung in die Fahrleistung ersichtlich.

Bild 93: Schema zur Bahnstromversorgung der Neubaustrecke Mannheim–Stuttgart

Ausblick und Chronik

Auf den ersten Neubaustreckenabschnitten nimmt die Zukunft schon Gestalt an

Mit einer Parallelfahrt des ICE und eines herkömmlichen mit einer Lok der Baureihe 120 bespannten IC von Mannheim nach Graben-Neudorf eröffnete die Deutsche Bundesbahn am 30. Mai 1986 offiziell das erste, 38 Kilometer lange Teilstück der Neubaustrecke Mannheim–Stuttgart – eine neue Bahnära hat damit begonnen.

Bei der Neubaustrecke Hannover–Würzburg waren die Bauarbeiten im Südabschnitt bereits am 15. Juli 1986 so weit vorangeschritten, daß die Oberleitung in dem zwischen dem Betriebsbahnhof Burgsinn und der Überleitstelle „Hohe Wart" gelegenen 27 Kilometer langen Streckenabschnitt unter Spannung genommen werden konnte. Unmittelbar danach begannen die Meßfahrten zur Streckenzulassung (Bild 94). Mit schrittweise gesteigerter Geschwindigkeit wurden dabei die Gleislage, die Fahrdynamik, das Verhalten der Oberleitung und andere Komponenten überprüft. Schließlich konnte die Strecke für Schnellfahrversuche freigegeben werden.

Nachdem der Regelbetrieb (Bild 95) auf diesem Abschnitt erst nach Beendigung der Bauarbeiten auf dem gesamten 80 Kilometer langen Streckenabschnitt zwischen Fulda und Würzburg möglich war, konnte er bis zum Inkrafttreten des Sommerfahrplanes 1988 intensiv für Meßfahrten sowohl mit dem ICE als auch mit verschiedenen lokbespannten Zügen benützt werden. Bei diesen Fahrten erreichte der ICE am 17. November 1986 für einige Sekunden die bis dahin auf dem deutschen Streckennetz noch nie erzielte Rekordgeschwindigkeit von 345 km/h. Der Weltrekord von 380 km/h, den der TGV der französischen Staatseisenbahnen im Jahre 1981 aufstellte, war damit aber noch nicht gebrochen. Erst am 1. Mai 1988 war es soweit. An diesem Tag gelang es der Deutschen Bundesbahn auf einem Teilstück des nunmehr in Betrieb befindlichen Streckenabschnittes Fulda–Würzburg einen neuen Weltrekord für Schienenfahrzeuge aufzustellen. Um 11.13 Uhr erreichte der ICE die neue Rekordmar-

Bild 94: Meßzug mit Lok 103003 im Betriebsbahnhof Burgsinn

ke von 406,9 km/h. Mit an Bord waren Bundesverkehrsminister Jürgen Warnke, Bundesforschungsminister Heinz Riesenhuber und der DB-Vorstandsvorsitzende Reiner Gohlke.

Die Deutsche Bundesbahn stuft die Weiterentwicklung der Rad/Schiene-Technik mit dem ICE als einen „innovativen Sprung" ein, der in der Luftfahrt dem Wechsel vom Propellerflugzeug zum Jet gleichzusetzen sei. Inoffiziell heißt es, mit dem ICE, dessen Entwicklung bislang 77 Millionen DM (44 Millionen DM vom Bundesministerium für Forschung und Technik, 17 Millionen DM von der Deutschen Bundesbahn und 16 Millionen DM von der Industrie) gekostet hat, habe die DB die bisherige technische Vormachtstellung der SNCF gebrochen.

Das eigentliche Schnellfahrzeitalter wird bei der Deutschen Bundesbahn allerdings erst 1990/91 beginnen, wenn die Neubaustrecken fertiggestellt sind und der Hochgeschwindigkeits-Triebzug als Serienfahrzeug zur Verfügung steht. Die dann erreichbaren Reisegeschwindigkeiten werden etwa 180 km/h auf den Neubaustrecken und etwa 130 bis 150 km/h auf den Ausbaustrecken betragen. Die Reisezeiten werden damit spürbar geringer sein als heutzutage. So wird die Fahrzeit für die Strecke Hannover–Würzburg nur noch gut zwei Stunden und für die Strecke Mannheim–Stuttgart nur noch 40 Minuten betragen. Zu dieser Zeit werden bereits weitere Neubaustrecken im Bau sein, so zum Beispiel zwischen Graben-Neudorf und Basel oder zwischen Stuttgart und München.

Dieser Innovationssprung der Eisenbahn vollzieht sich mit einer neuen Fahrzeuggeneration auf neuen Strecken in einem Zeitalter, wo die hochentwickelten Konkurrenz-Verkehrsmittel Flugzeug und Kraftfahrzeug aus technischen und vor allem wirtschaftsökologischen Gründen die Grenzen ihrer Beförderungsgeschwindigkeit erreicht haben.

Unter diesen Vorzeichen werden trotz einiger Skepsis gegenüber der prognostizierten Wirtschaftlichkeit für die Ausbau- und Neubaustrecken Kapazitätserhöhungen mit Sicherheit nicht ausbleiben. Es hat sich bereits gezeigt, daß die Bahn überall dort, wo sie ihr Angebot verbessern konnte, nicht nur höheren Umsatz macht, sondern auch Gewinne einfährt. Die neuen Strecken kosten zwar Milliarden, aber es sind sinnvolle Investitionen, da die Eisenbahn in einem so dicht besiedelten Lande wie die Bundesrepublik nicht substituierbar ist. Kurzum – der Bahn könnte eine Renaissance bevorstehen.

Bild 95: Eine seltene Zugparade bot die Deutsche Bundesbahn anläßlich der Einweihung des Neubaustreckenabschnitts Fulda–Würzburg. Vier Zuggenerationen fuhren bei Burgsinn einträchtig nebeneinander her: Ein Schnellzug mit einer historischen Dampflokomotive der Bauartreihe 50, der ehemalige TEE-Dieseltriebwagen VT 601, der InterCity Experimental als Schnellverkehrskonzept der Zukunft und ein ICL, ein lokbespannter InterCity-Zug der neuen Generation mit einer elektrischen Zuglok der Baureihe 120 an der Spitze.

Eckdaten zur Chronik der neuen Strecken

13. August 1973: Erster Rammschlag in Laatzen bei Hannover. Im ersten, 12 Kilometer langen Bauabschnitt Hannover–Rethen wird hiermit die Arbeit an der Neubaustrecke Hannover–Würzburg aufgenommen.

7. Februar 1974: Für den Abschnitt Guxhagen (südlich von Kassel) bis Hattenhof (Südgrenze des Mittelabschnittes) wird das erste der beiden Raumordnungsverfahren eingeleitet.

4. März 1974: Das erste Raumordnungsverfahren wird im Südabschnitt Hannover–Würzburg auf bayerischem Gebiet eingeleitet.

1. April 1974: Einleitung des ersten Planfeststellungsverfahrens in Mannheim für die Strecke Mannheim–Stuttgart.

10. August 1975: Der Planfeststellungsabschnitt (Kilometer 1,7 bis 2,3) erlangt für die Neubaustrecke Mannheim–Stuttgart als ersten Abschnitt Rechtskraft.

20. August 1976: Beginn der Bauarbeiten für die Neubaustrecke Mannheim–Stuttgart in Mannheim.

Dezember 1976: Einleitung des ersten Planfeststellungsverfahrens im Südabschnitt der Neubaustrecke Hannover–Würzburg bei Burgsinn.

Februar 1977: Nach mehrjähriger Unterbrechung kann für den Abschnitt Edesheim–Göttingen erstmals wieder ein Raumordnungsverfahren eingeleitet werden.

30. Mai 1978: Das zweite und zugleich letzte Raumordnungsverfahren für den Mittelabschnitt der Neubaustrecke Hannover–Würzburg wird eingeleitet.

21. Juni 1978: Erzielung eines ersten Abschlusses für ein Raumordnungsverfahren im Mittelabschnitt der Neubaustrecke Hannover–Würzburg.

26. Juni 1978: Die Genehmigung zum Weiterbau der Neubaustrecke Hannover–Würzburg von Rethen bis Kassel wird vom Bundesminister für Verkehr erteilt.

27. Mai 1979: Inbetriebnahme des ersten Neubaustreckenabschnittes Hannover–Rethen.

5. November 1979: Im Planungsabschnitt Edesheim–Göttingen kann das erste Planfeststellungsverfahren im Nordabschnitt der Neubaustrecke Hannover–Würzburg eingeleitet werden.

29. Mai 1980: Für den Mittelabschnitt der Strecke Hannover–Würzburg wird im Stadtgebiet von Kassel das erste Planfeststellungsverfahren eingeleitet.

22. Mai 1981: Nach Abschluß des letzten Raumordnungsverfahrens, offizieller Baubeginn im Südabschnitt der Strecke Hannover–Würzburg mit dem Anschlag des Einmalberg-Tunnel bei Gemünden.

10. Juni 1981: Das erste Planfeststellungsverfahren erhält für den Mittelabschnitt der Neubaustrecke Hannover–Würzburg im Bereich Kassel Rechtskraft.

29. September 1981: Baubeginn im Mittelabschnitt der Neubaustrecke Hannover–Würzburg mit dem Kreuzungsbauwerk „Nordendweg" in Kassel.

4. Februar 1982: Durchschlag des Einmalberg-Tunnels, des ersten Tunnels der Neubaustrecke Hannover–Würzburg.

18. Oktober 1982:	Erste Gleisarbeiten im Südabschnitt der Strecke Hannover–Würzburg.
12. November 1982:	Im Nordabschnitt Hannover–Würzburg wird im Helleberggebiet das letzte Planfeststellungsverfahren eingeleitet.
1. März 1983:	Erste Wiederaufnahme der Bauarbeiten im Nordabschnitt der Strecke Hannover–Würzburg nördlich von Nörten-Hardenberg mit der Leineverlegung.
April 1983:	Anschlag des 660 Meter langen Sulzhof-Tunnels als erster Tunnel im Mittelabschnitt der Neubaustrecke Hannover–Würzburg.
30. April 1984:	Beschlußfassung zum letzten Planfeststellungsverfahren bei Vaihingen/Enz für die Strecke Mannheim–Stuttgart.
29. September 1984:	Alle Planfeststellungsverfahren haben nunmehr im Mittelabschnitt der Neubaustrecke Hannover–Würzburg Rechtskraft erlangt beziehungsweise es wurde der Sofortvollzug angeordnet. Dieser Tag ist zugleich der Tag des Baubeginns im Mittelabschnitt: Nordendweg-Unterführung in Kassel.
12. Dezember 1984:	Abschluß des letzten Planfeststellungsverfahrens im Südabschnitt Hannover–Würzburg für den Bereich der Maintalbrücke Veitshöchheim.
2. Juni 1985:	Inbetriebnahme der westlichen Einführung der Riedbahn (WER) als Teil der Ausbaustrecke Frankfurt–Mannheim.
Oktober 1985:	Für die gesamte Neubaustrecke Mannheimn–Stuttgart liegen die planungsrechtlichen Voraussetzungen zum Bau vor.
4. Dezember 1985:	Am Tag der hl. Barbara, der Schutzpatronin der Tunnelbauer, wird der Wilfenberg-Tunnel als erster der Neubaustrecke Mannheim–Stuttgart durchschlagen.
12. März 1986:	Als letzter Tunnel im Südabschnitt Hannover–Würzburg wird der Roßberg-Tunnel durchschlagen.
15. Juni 1986:	Fahrleitung in einem Teilbereich des Südabschnittes Hannover–Würzburg unter Spannung.
15. Juli 1986:	Für das letzte Planfeststellungsverfahren ergeht im Nordabschnitt Hannover–Würzburg bei Bovenden der Beschluß.
3. September 1986:	Beginn der Versuchsfahrten mit dem ICE. Noch am gleichen Abend Entgleisung bei einer Rangierfahrt.
Oktober 1986:	Für die gesamte Neubaustrecke Hannover–Würzburg liegen die planungsrechtlichen Voraussetzungen zum Bau vor.
17. November 1986:	Der ICE fährt mit 345 km/h einen neuen deutschen Schienenrekord.
2. Februar 1987:	Oberleitung im Teilabschnitt Mannheim–Graben-Neudorf unter Spannung.
10. Februar 1987:	Beginn der Abnahmefahrten auf der Neubaustrecke Mannheim–Stuttgart im Streckenabschnitt von Mannheim bis Graben-Neudorf.
9. März 1987:	Beginn der offenen Bauweise des letzten Tunnels im Mittelabschnitt der Strecke Hannover–Würzburg, des 200 Meter langen Erbelberg-Tunnels.
29. April 1987:	Lückenschluß im Gleis zwischen Mittel- und Südabschnitt Hannover–Würzburg.
31. Mai 1987:	Inbetriebnahme des ersten Neubaustreckenabschnittes Mannheim–Graben-Neudorf.
Mai 1988:	Inbetriebnahme des ersten Streckenabschnittes der Neubaustrecke Hannover–Würzburg zwischen Würzburg und Fulda.
6. Oktober 1988:	Durchschlag des Mündener Tunnels, letzter Tunneldurchschlag der Strecke Hannover–Würzburg.
Mai 1991:	Inbetriebnahme beider Neubaustrecken auf allen Abschnitten.

Literaturhinweise

Amann, H.: Schienenschnellverkehr als realer Beitrag zum Umweltschutz. Die Bundesbahn 63 (1987), H. 10, S. 871.

Baumann, A.: Untersuchungen über Schnellfahrstrecken im Netz der Deutschen Bundesbahn. ETR – Eisenbahntechnische Rundschau 15 (1966), H. 6, S. 209.

Bienstock, R.: Der Tunnel „Langes Feld" der Neubaustrecke Mannheim–Stuttgart – Los „Langes Feld". Die Bundesbahn 62 (1986), H. 10, S. 805.

Bienstock, R., und Lorenz, S.: Bau der Neubaustrecke unter dem Rangierbahnhof Kornwestheim. Die Bundesbahn 61 (1985), H. 10, S. 861.

Bienstock, R., und Eisert, D.: Glemstalbrücke – die höchste Brücke der Neubaustrecke Mannheim–Stuttgart. Die Bundesbahn 62 (1986), H. 5/6, S. 461.

Bitterling, R.: Stand der Bauarbeiten der Ausbau- und Neubaustrecke im Raum Mannheim. Die Bundesbahn 55 (1979), H. 11, S. 797.

Blind, W.: Aspekte der Neubaustreckenplanung – Neubaustrecke Hannover–Würzburg, ETR – Eisenbahntechnische Rundschau 28 (1979), H. 6, S. 487.

Blind, W.: Neubaustrecke und Umwelt. ETR – Eisenbahntechnische Rundschau 31 (1982), H. 12, S. 889.

Bohn, Ch., und Bender, H.: Gleisvorbau auf Neubaustrecken. ETR – Eisenbahntechnische Rundschau 36 (1987), H. 1/2, S. 65.

Born, W.: Die rechtliche Begründung der Neubaustrecke der Bundesbahn im Planfeststellungsverfahren. Die Bundesbahn 57 (1981), H. 10, S. 777.

Bahnbauzentrale Frankfurt (Hrsg.): Eisenbahnbau für das 21. Jahrhundert – Streckenausbau bei der Deutschen Bundesbahn. edition coordination, Vaduz.

Bundesbahn-Zentralamt München: Vorschrift für das Entwerfen von Bahnanlagen, Teilheft 2 (DS800/2), 1979.

Christoph, L., und Brandt, K.: Die Neubaustrecke Hannover–Würzburg im Leinetal – Erdbaustellen zwischen Edesheim und Göttingen. Die Bundesbahn 60 (1984), H. 10, S. 733.

Daber, J.: Landschaftspflege und Naturschutz – dargestellt am Beispiel der NBS Hannover–Würzburg in Südniedersachsen. Jb. d. Eisenbahnwesens 39 (1988), S. 64.

Deutsche Bundesbahn: Presseinformationen zur Neubaustrecke Hannover–Würzburg und Mannheim–Stuttgart der einzelnen Projektgruppen.

Deutsche Bundesbahn: Informationsschriften zur Neubaustrecke Hannover–Würzburg und Mannheim–Stuttgart der einzelnen Projektgruppen.

Dietzen, R., und Sauerbrunn, V.: Bauverfahren bei großen Talbrücken. Die Bundesbahn 60 (1984), H. 10, S. 723.

Eisenmann, J., und Leykauf, G.: Oberbau. Jb. d. Eisenbahnwesens 39 (1988), S. 84.

Engels, W.: Der Mittelabschnitt der Neubaustrecke Hannover–Würzburg, Planung und Realisierung. Die Bundesbahn 60 (1984), H. 5, S. 401.

Engels, W.: Die Neubaustrecke Hannover–Würzburg im Mittelabschnitt, eine 111 Kilometer lange Baustelle. Die Bundesbahn 61 (1985), H. 6, S. 541.

Engels, W.: Neubaustrecke Hannover–Würzburg im Mittelabschnitt – Halbzeit in der Bauausführung. Die Eisenbahn 62 (1986), H. 10, S. 767.

Engels, W., und Schülke, H.: Die Neubaustrecke Hannover–Würzburg im Bahnhof Fulda. ETR – Eisenbahntechnische Rundschau 37 (1988), H. 3, S. 127.

Ernst, W.: Signaltechnische Planungen auf Neubaustrecken. ETR – Eisenbahntechnische Rundschau 27 (1978), H. 10, S. 615.

Fein, E.: Neubaustrecke Mannheim–Stuttgart: Vom Rheintal ins Hügelland. Die Bundesbahn 59 (1983), H. 10, S. 669.

Fein, E.: Landschafts- und Umweltschutz an Neubaustrecken. Jahrbuch des Eisenbahnwesens 1985, S. 72, Hestra-Verlag.

Fein, E.: Die westliche Einführung der Riedbahn in den Hauptbahnhof Mannheim. Die Bundesbahn 61 (1985), H. 5, S. 401.

Fein, E.: Die neue Rheintalbahn bei Hockenheim: Ein Musterfall umweltfreundlicher Verkehrswegebündelung und Landschaftsplanung. Die Bundesbahn 62 (1986), H. 10, S. 789.

Froböss, U.: Energiebedarf und Umweltschutz im deutschen Verkehrswesen. ETR – Eisenbahntechnische Rundschau 26 (1977), H. 7/8, S. 509.

Gerlich, K., und Pfeifer, R.: Moderne Eisenbahnbrücken in Betonbauweise. ETR – Eisenbahntechnische Rundschau 36 (1987), H. 7/8, S. 495.

Geske, J., und Jänsch, E.: Schotteroberbau oder feste Fahrbahn für die Neubaustrecken der Deutschen Bundesbahn. ETR – Eisenbahntechnische Rundschau 36 (1987), H. 1/2, S. 31.

Glatzel, L.: Infrastrukturparameter der Neubaustrecke. Die Bundesbahn 55 (1979), H. 11, S. 785.

Gnest, H. J.: Die Neubaustrecke Hannover–Würzburg im Leinetal bei Nörten-Hardenberg. Die Bundesbahn 62 (1986), H. 1, S. 87.

Goebel, D.: Die Neubaustrecke im Bahnhof Fulda. Die Bundesbahn 60 (1984), H. 11, S. 739.

Gohlke, R.: Der Hochgeschwindigkeitsverkehr der Deutschen Bundesabahn. Jb. d. Eisenbahnwesens 39 (1988), S. 16.

Grübmeier, J., und Fischer, G.: Neubau- und Ausbaustrecken der Deutschen Bundesbahn – Stand der Realisierung. ETR – Eisenbahntechnische Rundschau 32 (1983), H. 3, S. 131.

Grübmeier, J., und Heinisch, R.: Maßnahmen der Deutschen Bundesbahn im Bundesverkehrswegeplan '85. Die Bundesbahn 61 (1985), H. 10, S. 827.

Grübmeier, J., und Krittian, E.: Ausbau-/Neubaustrecken der Deutschen Bundesbahn. ETR – Eisenbahntechnische Rundschau 36 (1987), H. 5, S. 307.

Gruß, W.: Lange Tunnel, schnelle Züge – kommt die Sicherheit zu kurz? Die Bundesbahn 62 (1986), H. 7, S. 491.

Gscheidle, K.: Neu- und Ausbaustrecken der Bundesbahn; Entscheidungsgrundlagen und verkehrspolitische Perspektiven. Deutsche Verkehrszeitung vom 2. Januar 1979.

Halberstadt, L.: Talbrücken und Fahrbahnaufständerungen in den Neubaustrecken der Deutschen Bundesbahn. ETR – Eisenbahntechnische Rundschau 23 (1974), H. 7/8, S. 298.

Harprecht, W.: Bahnstrom- und Fahrleitungstechnik. Jb. d. Eisenbahnwesens 39 (1988), S. 106.

Heinisch, R.: Hochgeschwindigkeitsverkehr – Kriterien und Aktivitäten für ein HGV-Netz Europa. Die Bundesbahn 62 (1986), H. 10, S. 755.

Hentze, E.: Tunnel. Jb. d. Eisenbahnwesens 39 (1988), S. 114.

Jänsch, E., und Geske, J.: Schotteroberbau oder feste Fahrbahn für die Neubaustrecke der Deutschen Bundesbahn. ETR – Eisenbahntechnische Rundschau 35 (1986), H. 6, S. 395.

Jänsch, E., und Rump, E.: Zwei Jahre Projekt HGV. Die Bundesbahn 62 (1986), H. 10, S. 761.

Keller, N., und Schimpff, F.: Kreuzungsbauwerk Kahnwiese – Einfädelung der Neubaustrecke bei Ihringhausen. Die Bundesbahn 63 (1987), H. 8, S. 753.

Kempf, E.: Neubaustrecke – Ungewöhnliche und kuriose Fälle. Die Bundesbahn 61 (1985), H. 10, S. 869.

Kiefert, H.: Stand der Bauarbeiten der Neubaustrecke Mannheim–Stuttgart. Die Bundesbahn 54 (1978), H. 8, S. 588.

Kiefert, H.: Neubaustrecke Mannheim–Stuttgart – Planung und Bauarbeiten im Rheintal. Die Bundesbahn 58 (1982), H. 10, S. 727.

Kiefert, H.: Neubaustrecke Mannheim–Stuttgart – Stand der Bauarbeiten im Rheintal. Die Bundesbahn 61 (1985), H. 10, S. 853.

Kiefert, H.: Oberbau bei der Neubaustrecke Mannheim–Stuttgart – Zielsetzung, Vorgaben. Die Bundesbahn 62 (1986), H. 10, S. 799.

Klotz, G.: Der neue Bahnhof in Kassel-Wilhelmshöhe. Die Bundesbahn 63 (1987), H. 9, S. 837.

Koch, P.: Neu- und Ausbaustrecke – ein wichtiges Vorhaben für die Zukunft der Deutschen Bundesbahn. Die Bundesbahn 54 (1978), H. 8, S. 575.

Köninngs, H.-D.: Stand der Tunnelbauarbeiten im Südabschnitt der Neubaustrecke Hannover–Würzburg. Die Bundesbahn 61 (1985), H. 12, S. 1137.

Kracke, R.: Hochgeschwindigkeitsverkehr der neunziger Jahre – ein Sprung nach vorn für die Bahn. Die Bundesbahn 61 (1985), H. 10, S. 825.

Klein, N.: Stand der Planungs- und Bauarbeiten im Abschnitt Edesheim–Göttingen der Neubaustrecke Hannover–Würzburg. Die Bundesbahn 57 (1981), H. 10, S. 789.

Krebs, H.: Landschaftsplanung für die Neubaustrecke Mannheim–Stuttgart. Die Bundesbahn 54 (1978), H. 8, S. 585.

Kurz, H.: Der Hochgeschwindigkeitstriebzug ICE – vom Experimental zum Expreß. Jb. d. Eisenbahnwesens 39 (1988), S. 148.

Ledosquet, G.: Neubaustrecke Hannover–Würzburg. Baubeginn Bahnhof Kassel-Wilhelmshöhe. Die Bundesbahn 61 (1985), H. 6, S. 550.

Leichnitz, W.: Analyse der Verbrüche auf Tunnelbaustellen der Neubaustrecken. Die Bundesbahn 62 (1986), H. 3, S. 257.

Linkerhägner, W.: Neu- und Ausbaustrecken der Deutschen Bundesbahn und ihre Einbindung in das europäische Eisenbahnnetz. Die Bundesbahn 55 (1979), H. 5, S. 349.

Linkerhägner, W., und Blind, W.: Die Realisierung der Neubaustrecken der Deutschen Bundesbahn. ETR – Eisenbahntechnische Rundschau 33 (1984), H. 7/8, S. 575.

Lübke, D.: Die Zukunft der Bahn. In: 150 Jahre deutsche Eisenbahnen. ELV Eisenbahn-Lehrbuch Verlagsgesellschaft, München 1985.

Maak, H.: Neubaustrecke Hannover–Würzburg, Baubeginn im Südabschnitt. Die Bundesbahn 57 (1981), H. 10, S. 801.

Moll, G.: Planung und Realisierung der Überholungsbahnhöfe Kirchheim Nord und Langenschwarz. Die Bundesbahn 62 (1986), H. 10, S. 777.

Morgenschweiß, O.: Weichen und Schienenauszüge in den Neubaustrecken der Deutschen Bundesbahn. ETR – Eisenbahntechnische Rundschau 34 (1985), H. 7/8, S. 573.

Moritz, E.: Die Neubaustrecke im Bahnhof Fulda – die Einführung von Norden. Die Bundesbahn 62 (1986), H. 2, S. 186.

Mörschner, J., und Thöne, K. H.: Baureifplanung der Rombach-Tunnelbrücke im Mittelabschnitt der Neubaustrecke Hannover–Würzburg. Die Bundesbahn 59 (1983), H. 10, S. 655.

Münchschwander, P.: Projekt HGV: Signal auf Fahrt für den IC Expreß. Bundesbahn 63 (1987), H. 10, S. 853.

Münchschwander, P.: Die Realisierung des Hochgeschwindigkeitsverkehrs bei der Deutschen Bundesbahn. Jb. d. Eisenbahnwesens 39 (1988), S. 32.

Neidhardt, D.: Öffentlichkeitsarbeit für die Neubaustrecke Mannheim–Stuttgart. Die Bundesbahn 54 (1978), H. 8, S. 599.

Neidthardt, D.: Die öffentliche Auseinandersetzung um die Neubaustrecke Mannheim–Stuttgart. Die Bundesbahn 55 (1979), H. 11, S. 791.

Neidthardt, D.: Gestaltungsaufgaben bei neuen Eisenbahnstrecken. Die Bundesbahn 58 (1982), H. 10, S. 739.

Neidthardt, D.: Die Planung des neuen Empfangsgebäudes in Vaihingen an der Enz. Die Bundesbahn 59 (1983), H. 8, S. 501.

Pätzold, F.: Die Planfeststellungsrichtlinien der Deutschen Bundesbahn. Die Bundesbahn 55 (1979), H. 8, S. 559.

Pierick, K.: Zur Sicherheit der neuen Hochgeschwindigkeitsstrecken im Eisenbahnverkehr. Jb. d. Eisenbahnwesens 39 (1988), S. 76.

Polifka, F., und Bauer, L.: Hochgeschwindigkeitsversuche auf Neubaustrecken. Die Bundesbahn 63 (1987), H. 10, S. 859.

Prommersberger, G. (Hrsg.): Ingenierbauwerke – DB Neubaustrecke Mannheim–Stuttgart, Heft 1: Tunnelbautechnik – offene Bauweise (1985), Heft 2: Tunnelbautechnik – offene Bauweise (1986), Heft 3: Tunnelbautechnik – bergmännische Bauweise (1986), Heft 4: Talbrücken (1987). Edition coordination, Vaduz.

Rahn, Th.: Fahrzeuge für den Hochgeschwindigkeitsverkehr. Jb. d. Eisenbahnwesens 39 (1988), S. 132.

Rahn, Th., Hochdruck, H., und Möller, F. W.: ICE – Zug der Zukunft. Hestra-Verlag, Darmstadt 1985.

Reimers, K.: Schienenschnellverkehr – eine europäische Aufgabe der Bahnen. Die Bundesbahn 62 (1986), H. 10, S. 749.

Reimers, K., und Linkerhägner, W. (Hrsg.): Wege in die Zukunft – Neubau- und Ausbaustrecken der Deutschen Bundesbahn. Hestra-Verlag, Darmstadt 1987.

Rika, G.: Die feste Fahrbahn in den Tunnels Einmalberg und Mühlberg im Bereich der Projektgruppe Hannover–Würzburg Süd. Die Bundesbahn 63 (1987), H. 2, S. 181.

Ruß, F.: Bahnstromleitungen für die Neubaustrecke Mannheim–Stuttgart. Die Bundesbahn 60 (1984), H. 10, S. 769.

Ruß, F.: Die Neubaustrecke Mannheim–Stuttgart. Die Bundesbahn 63 (1987), H. 6, S. 585.

Samaras, A.: Bisheriger Verlauf der Planfeststellungsverfahren bei der Realisierung der Neubaustrecke Mannheim–Stuttgart. Die Bundesbahn 54 (1978), H. 8, S. 579.

Samaras, A.: Planfeststellungsverfahren und Bauarbeiten in den Streckenabschnitten 3 und 4 der Neubaustrecke Mannheim–Stuttgart. Die Bundesbahn 60 (1984), H. 10, S. 761.

Samaras, A.: Neubaustrecke Mannheim–Stuttgart: Bodenkundliche Behandlung von Rekultivierungsflächen. Die Bundesbahn 62 (1986), H. 10, S. 793.

Samaras, A., und Spata, G.: Neubaustrecke Mannheim-Stuttgart. Baugeschen im Kraichgau und Stromberg. Die Bundesbahn 63 (1987), H. 2, S. 187.

Schambeck, H.: Merkmale des modernen Eisenbahnbrückenbaus. Jb. d. Eisenbahnwesens 39 (1988), S. 122.

Scholz, S.: Neubaustrecke Hannover–Würzburg, Überholbahnhof Körle. Die Bundesbahn 62 (1986), H. 1, S. 91.

Schuler, P.: Maßnahmen zur Eingliederung des Südabschnittes der Neubaustrecke Hannover–Würzburg in die umliegende Landschaft. Die Bundesbahn 61 (1985), H. 10, S. 837.

Schwarz, O.: Talbrücken im Südabschnitt der Neubaustrecke Hannover–Würzburg. Die Bundesbahn 59 (1983), H. 10, S. 659.

Schwarz, O., und Aßmann, R.: Die Talbrücke Bartelsgraben im Südabschnitt der Neubaustrecke Hannover–Würzburg. Planung und Ausführung. Die Bundesbahn 62 (1986), H. 7, S. 548.

Schwarz, O., und Aßmann, R.: Die Kunstbauten für die Einführung der Neubaustrecke Hannover–Würzburg in den Würzburger Bahnhof. Die Bundesbahn 62 (1986), H. 12, S. 1057.

Sims, E.: Eisenbahn und Landschaft – ein Spannungsfeld. ETR – Eisenbahntechnische Rundschau 35 (1986), H. 6, S. 363.

Suwe, H.-K.: Die Führerraumsignalisierung auf den Neubaustrecken der Deutschen Bundesbahn. Eisenbahningenieur 36 (1985), H. 10, S. 477.

Thöne, K. H.: Vorbereitungen für den Bau der Neubaustrecke Hannover–Würzburg von Kassel bis Fulda. Die Bundesbahn 58 (1982), H. 10, S. 717.

Weber, H. P.: Bundesverkehrswegeplan als Basis für die Planung des Hochgeschwindigkeitsverkehrs. Jb. d. Eisenbahnwesens 39 (1988), S. 26.

Weber, H., und Eisenhuth, U.: Neubaustrecke Hannover-Würzburg. Der Bauabschnitt Hannover-Rethen im Bild. Die Bundesbahn 54 (1978), H. 8, S. 593.

Weber, H., und Wesemüller, H.: Die Nordbaustrecke Hannover–Würzburg in Niedersachsen. Die Bundesbahn 58 (1982), H. 10, S. 711.

Weber, H., und Teuteberg, R.: Die Neubaustrecke Hannover–Würzburg in Niedersachsen. Die Bundesbahn 63 (1987), H. 3, S. 285.

Weckenberg, H.: Die Neubaustrecke Hannover-Würzburg – Schallschutzanlagen im Bereich der Stadt Hannover. Die Bundesbahn 60 (1984), H. 10, S. 751.

Wehner, L.: Signaltechnik und Information. Jb. d. Eisenbahnwesens 39 (1988), S. 96.

Wehner, L., und Suwe, K.-H.: Das Signalsystem für Neubaustrecken der Deutschen Bundesbahn. ETR – Eisenbahntechnische Rundschau 33 (1984), H. 11, S. 811.

Weigend, M., und Rockenfelt, B.: Schneller fahren auf vorhandenen Strecken. Ausschöpfen der heute gegebenen Möglichkeiten. Die Bundesbahn 60 (1984), H. 11, S. 851.

Weigelt, H.: Fünf Jahrhunderte Bahntechnik. Hestra-Verlag, Darmstadt 1986.

Wesemüller, H.: Planungssystematik und Planungsablauf bei der Projektierung neuer Verkehrslinien. N. Arch. f. Nds 31 (1982), H. 3, S. 245.

Wesemüller, H.: Brückengestaltung bei den Neubaustrecken. Die Bundesbahn 63 (1987), H. 6, S. 591.

Wesemüller, H., und Macherius, P.: Brücken durch die Giftener Seen und das Hochwassergebiet von Leine und Innerste. Die Bundesbahn 61 (1985), H. 10, S. 847.

Wiedemann, H.: Produktionsplanung der Deutschen Bundesbahn für den Hochgeschwindigkeitsverkehr der neunziger Jahre. Jb. d. Eisenbahnwesens 39 (1988), S. 50.

Willenbrink, L.: Neuere Erkenntnisse zur Schallabstrahlung von Schienenfahrzeugen. ETR – Eisenbahntechnische Rundschau 28 (1979), H. 5, S. 361.

Bild 96: Der „Gläserne Zug" auf der Neubaustrecke Fulda–Würzburg am 5528 Meter langen Mühlberg-Tunnel bei Gemünden

Bildquellenverzeichnis

Autor (30)
Beisel, Kaiserslautern (2)
Braun, Fa. Leonhardt, Andrä u. Partner (1)
Bundesbahndirektion Frankfurt (4)
Bundesbahndirektion Hannover (5)
Bundesbahndirektion Karlsruhe (8)
Bundesbahndirektion Nürnberg (1)
Bundesbahn-Zentralamt München (1)
Daber, Göttingen (1)
Deutsche Bundesbahn (7)
Dyckerhoff & Widmann AG, München (2)
Kleine, Augsburg (1)
Siebke, Bad Homburg (1)